イラスト
&
図解

知識ゼロでも
楽しく読める！

哲学

JN028302

西東社

はじめに

「哲学は難しい」とよく耳にします。私も高校生のときに（今思うとかなり硬派な）新書をかじってみたのですが、よくわからなかった記憶があります。でも、本書ならば、知識ゼロな読者でも大丈夫。わかりやすい言葉づかいと説明に加え、直感的なイラストが理解を助けてくれることでしょう。

　本書は項目ごとに完結しているので、どこからでも読むことができます。気になった哲学の考えや、哲学者の言葉があれば、ぜひ、そのページからめくってみてください。あなたの関心や抱えている問題などに合わせて、そのつど、いろいろなヒントや、新しい世界の見方（概念）を与えてくれることでしょう。さらに、そのページの前後を読んでみれば、「どのような背景があったのか」「どのように周りの時代の哲学とつながっていたのか」がわかり、よりいっそう深く楽しめること請け合いです。

　このように、本書は項目ごとに楽しめますが、テレビドラマの最終回が、それまでのストーリーがわかっていると感動的に観ることができるのと同じように、哲学も、それまでの問題の立て方やアプローチ方法を踏まえることで、もっと存分に楽しむことができます。

　そこで、哲学史という「歴史ドラマ」を楽しむうえで、本書を通しての大まかな「あらすじ」も立てています。1章の古代・中世編では「存在」が中心的な問いでした。世界は何からできているのか、人間とはどのようなものなのか、神は存在するのか、といった問題群です。2章・3章の近代編に入ると、人間の「認識」が中心的テーマになります。4章の現代編では、「言語」が中心的テーマといっていいでしょう。言語によって、世界の存在のしかたや、私たちによる世界の認識が変化する、という見方を提示しているからです。このように、ひと口に「哲学」といっても、問題やアプローチ方法は、時代や場所によって実にさまざまなしかたで変遷してきたことに、読者は驚かれるかもしれません。哲学には一義的な「正解」はないですが、2000年以上にわたり積み重ねられてきた問題の立て方、アプローチ方法、有力な答えの候補がいろいろあります。それが、人類史を彩ってきました。

　本書をきっかけに、「こんな問いがあるんだ」「こんなものの見方もあるのか」といった哲学の驚きを、歴史ドラマの登場人物と共有してもらえれば大変うれしいです。アリストテレスがいったように、「哲学は驚きとともにはじまる」ものですから。

中央大学文学部哲学専攻 教授 青木滋之

もくじ

2章 デカルトや パスカルの哲学とは？ 近代初期の哲学 ········ 61 ▼ 98

3章 自由や幸福について考えた？ 近代後期の哲学 …………… 99 ▼ 144

4章 最近はどんなことを
考えてる? **現代の哲学**……………… 145 ▼ 221

序章

「哲学」って そもそも どんなもの?

興味はあるけど、難しそう…といったイメージが強い「哲学」。
実際のところ、どんな学問なんでしょうか?
哲学の基本や、どんな役に立つのかなどを
わかりやすく解説していきます。

01 哲学って、そもそも何?

なるほど！ ひとことでいえば「**問い**」の学問。
世界の見方を変える視点をもつこと！

「哲学」とは、そもそもどんな学問なのでしょうか?

　本やテレビなどで、「○○の経営哲学」とか「○○の人生哲学」といったタイトルを見かけますよね。こうした影響で、哲学といえば、「仕事論」「人生論」といったイメージをもっている方が多いかもしれません。しかし、哲学とはそういう学問ではありません。**哲学とは、ひとことでいえば「問い」**なのです〔**図1**〕。

　哲学的な問いは個別的な問いではなく、**「全体的」「概念的」「形式的」**などといった特徴があります。例えば、自分の父親が死んだときに「なぜ父は死んだ?」と問うのではなく、「死とは何か?」と**すべての人に当てはまる答え**を見出そうとするのです。

　もちろん、「死とは○○である」と、すべての人が納得するような答えは、かんたんには見つかりません。しかし、こうした問いを発することで、ふだん、疑問を抱くことがなかった日常や常識を疑い、**世界を別の視点から見られるようになる**のです〔**図2**〕。

　哲学的な問いは、多くの哲学者たちが2000年以上前から続けています。これらの哲学を知らずに問いを発しても、「○○と同じ考え」だったりすることがほとんどです。つまり、哲学を学ぶことは、効率的に新たな視点を獲得する最適な方法といえるのです。

問いによって新しい視点を得る

▶ 哲学に関する誤解 〔図1〕

哲学は、目的を達成するための学問ではなく、世界や認識を問う学問。

誤解された哲学

哲学とは、仕事論や人生論、幸福論だという考え方。

> 成功するには、失敗から学ぶことだ

本来の哲学

哲学は、世界や認識など、本質的なことを問う学問。

> 世界とは何だろう？

> 「知っている」とはどういうこと？

▶ 哲学を学ぶ意味 〔図2〕

哲学を学ぶことで、日常生活を別の視点から見ることができるようになる。それは、自分の生き方を変えるきっかけになる可能性を秘めている。

デモのニュース

> 人の権利はどこまで許されるのかな…？

人々の自由と政治権力の関係は、哲学者たちが問い続けてきたテーマのひとつ。学ぶことで、世界の見え方も変わってくる。

「哲学」ってそもそもどんなもの？ 序章

02 哲学って、何の役に立つの?

 なるほど! 世の中は**答えの出ない問題**であふれている。哲学を学べば、**考え抜く力**を身につけられる!

　哲学を学ぶことで、日常を今までと違った視点から見ることができるようになります（➡P10）。しかし「それが何の役に立つの?」と思う人も多いかと思います。仕事や人間関係など、実際の生活に哲学が役立つかといえば、ほとんど役に立たないかもしれません。

　現代では、科学は分野ごとに**細分化・専門化**され、高度に発達しています。人間の感情や思考など、心の問題に関しても、脳科学や心理学で説明できることが多くあり、科学で解決できない問題はほとんどないように思えます。しかし、「人生に意味はあるのか?」「死刑を認めるべきか?」「LGBTの権利は?」など、**科学では答えが出せない哲学的な問題が数多く存在**し、そのことが社会的な議論になっていることも事実です〔**図1**〕。

　こうした複雑な問題に、自分の経験や直感だけで答えを出すこともできるでしょうが、それだと答えが浅く薄いものになってしまったりします。特に近年のSNSなどには、複雑な問題を単純化し、自分の価値観だけで判断するような言葉があふれています。対して、哲学者たちは、「答えが出ない問題」を問い続け、徹底的に考え続けてきました。こうした哲学者の思考法を学ぶことで、**複雑な問題であっても、考え抜くことができるようになる**のです〔**図2**〕。

哲学で養う思考力

▶ 答えの出ない問題〔図1〕

世の中には、かんたんに答えが出せない問題がたくさんある。哲学を学ぶことで、自分なりに深く考えた答えを導き出せるようになる。

権力が人の命を奪う死刑って本当にいいの？

30年前の私と今の私は同じ人といえる…？

人生に意味はある？

善と悪を決めるのは、自分？それとも社会？

▶ 単純化される人生の問題〔図2〕

SNSなどには、「幸福とは何か？」「人生とは何か？」といった複雑な問題を、単純化する主張があふれている。

夢を追っても幸せになれない

注目を集めるため炎上させよう

「幸福」「道徳」などは、哲学者が問い続けてきたテーマ。哲学を学ぶことで、こうしたテーマを深く考えることができるようになる。

「哲学」ってそもそもどんなもの？ 序章

03 哲学って、どうして こんなに難しい?

なるほど！ 目で見たりできない**抽象概念**を扱っていて、それを**言葉だけ**でしかあらわせないから！

　哲学を勉強しようと思って有名な哲学書を読んでみたけど、すぐに挫折…そんな経験がある人もいるのではないでしょうか。哲学はよく難しいといわれますが、なぜ難しいのでしょう？

　まず、哲学は、一般的な学問のように実験や観察、数式などで真理を証明できません。**哲学は「言葉」でしかあらわせない学問**なのです〔**図1**〕。そして、哲学を難解にしている最大の要因は、哲学が**「抽象概念」**を扱う学問だからです。抽象とは「物事の共通する性質を抜き出して考える」ことで、概念とは「意味内容」のこと。例えば、**「自由」「正義」「真理」「幸福」「愛情」「知」**などが**抽象概念**になります。抽象概念は、目で見たり、さわったりできませんし、別の言葉にいい換えることもできません。このため、どうしても理解が難しくなってしまうのです。

　また、哲学者がつくり出すオリジナルの抽象概念も、哲学を難しくさせています。例えば、古代ギリシアの哲学者プラトンは、永遠不変の理想的な実在があると考え、それを「イデア」（➡P30）と名づけました。しかし、それまでにイデアという言葉は存在せず、イデアを見た人もいません。つまり、**哲学者がつくり出した抽象概念を理解しなければならない**のです〔**図2**〕。

理解しにくい「抽象概念」

▶ 哲学と一般的な学問の違い〔図1〕

一般的な学問は、実験や観察などで真理を解き明かそうとするが、哲学は言葉しか使わず、抽象概念を扱うので難しくなる。

一般的な学問

実験や観察、数式などを使うため、誰でも見たり聞いたりして理解することができる。

哲学

言葉しか使わず、見たり聞いたりできない抽象概念を扱うので、理解が難しい。

自由とは？　　　正義とは？

幸福とは？　　　知とは？

▶ 哲学者がつくり出す「抽象概念」〔図2〕

哲学者は自分の考えを正確に伝えるため、新しい抽象概念をつくり出す。これを理解できなければ、その哲学者の考えを理解することは難しい。

正義の
イデア

善の
イデア

美の
イデア

人間の
イデア

プラトン

プラトンの考えを理解するには、
イデアを理解する必要がある。

「哲学」ってそもそもどんなもの？ 序章

ソクラテスの弟子で西洋哲学の祖

プラトン

（ 前427 – 前347 ）

　プラトンは、古代ギリシアのアテネの名門の家に生まれ、若い頃は政治家を目指していました。しかし、哲学の師であったソクラテスが刑死したことをきっかけに、権力闘争をくり返すアテネの政界を見限り、哲学の道へ進む決意をしました。プラトンは真理を求めて諸国を渡り歩き、帰国して40歳頃に、アテネ郊外にアカデメイアという学園を開き、各地から学生を集めて教育活動と哲学研究に専念しました。代表的な著作には『ソクラテスの弁明』『クリトン』『饗宴』『パイドン』『国家』などがあります。

　晩年、シチリア島のシラクサの王から政治顧問として招かれ、「優れた知恵をもった哲学者が政治を行うべき」という哲人政治の考えのもと、理想国家の実現を目指しましたが、失敗に終わりました。しかし、哲学を現実に生かそうと苦闘し、理想の国家を目指した姿勢は今も評価されています。

　プラトンは、世界全体は永遠で理想的な「イデア界」と、時間とともに変化する不完全な「現実世界」という、ふたつの世界で成り立っていると考えました。ふたつの対立する概念（二項対立）によって世界を理解しようとするプラトンの哲学は、その後の西洋哲学の出発点となります。「ヨーロッパ哲学の伝統は、プラトン哲学の脚注にすぎない」という言葉があるほど、計り知れない影響を与えたのです。

1章

昔の人は
どんなことを
考えていた?

古代・中世の哲学

ソクラテス、プラトン、アリストテレス…。
聞いたことのある有名な哲学者たちは、
どんなことを考えていたのでしょうか?
キリスト教の誕生を踏まえながら、
古代・中世の哲学についてひもといていきます。

古代と中世の哲学

古代や中世の哲学者たちは、何を考えてきたのでしょうか？　哲学が生まれた古代ギリシアの哲学から、ざっくり流れを見てみましょう。

古代哲学のテーマ ▶

"存在"

「〜とは何か？」と、世界のあり方を問うことが基本だった。

自然哲学の誕生

古代ギリシアで**世界を理性（ロゴス）で理解しようとする人々**が現れ、**自然哲学**がはじまった。彼らは万物（世界）の根源を追求した。

万物の根源は
水である

タレス
（前624頃〜前546頃）
⇒ P20

ソフィストたちとソクラテスの対立

善悪の
判断は、
人それぞれ！

誰もが認める
「善」は
存在する！

VS

プロタゴラス
（前490頃〜前420頃）
⇒ P22

ソクラテス
（前469頃〜前399頃）
⇒ P24

古代ギリシアのアテネでは、プロタゴラスなどの弁論術の教師（**ソフィスト**）たちが、「物事の価値を決めるのは人間だ」と主張した。これに対し**ソクラテス**は、普遍的な**「善」**が存在すると主張した。

「イデア」はある？ ない？

プラトンは、万物には永遠不滅の理想的な存在が、**イデア界**という別世界にあると主張。これに対しアリストテレスは、イデア界は存在せず、現実世界に存在する**個々の物に本質が含まれている**と主張した。

中世哲学のテーマ

"神"

キリスト教の神の存在を証明するため、哲学が使われた。

神の存在を考える

キリスト教には、「イエスは神？ それとも人間？」「神の存在は証明できる？」など、さまざまな疑問点があった。キリスト教の指導者たちは**ギリシア哲学**を応用して、**イエスや神の存在**を説明しようとした。

本質は個々の物に含まれている！

万物には理想的な姿がある！

アリストテレス
（前384頃～前322頃）
⇒ P34

VS

プラトン
（前427頃～前347頃）
⇒ P30

信仰を理解することが大切だ

アウグスティヌス ⇒ P48
（354～430）

理性は神学を補う

トマス・アクィナス ⇒ P54
（1225～1274）

古代・中世の哲学 **1章**

04 哲学っていつから はじまったの?

紀元前6世紀の古代ギリシアで誕生。
タレスが西洋最初の哲学者とされる!

　哲学って、どうやって生まれたのでしょうか?

　古代ギリシアでは、世界は超自然的な神の力**「神話」(ミュトス)**によって支配されていると信じられていました。これに対して、紀元前6世紀に、世界を**理性(ロゴス)**によって理解しようとする人々が現れます。ロゴスとは、論理・理性・言葉などを意味する言葉です。こうして、「〜とは何か?」と、世界を理論的に問う学問が誕生したのです。この学問は、古代ギリシア語で「知恵」(ソフィア)を「愛すること」(フィロ)という意味から、**「哲学」(フィロソフィア)**と呼ばれました。

　西洋哲学における最初の哲学者は、イオニア(現在のトルコ)にあったギリシアの植民都市ミトレスの住人・**タレス**とされています。タレスは、宇宙や自然、人間などをすべて含んだ**万物の根源(アルケー)を探求し、それは「水」だと考えました**〔**図1**〕。

　この頃の哲学者は、「万物の根源は何か?」と考えました。例えば、デモクリトスはそれを原子(アトム)と考え、パルメニデスは〈在るもの〉だと考え、ヘラクレイトスは「万物は流転する」と考えました〔**図2**〕。このように、自然(世界)の大元をロゴスによって推論する哲学を**「自然哲学」**といいます。

「万物の根源は何か?」と考える

▶ 万物の根源を「水」と考えたタレス〔図1〕

タレスは植物や生物を観察して、万物の根源を水であるとした。

植物は水が
なければ発芽しないし、
生長しない

万物の根源は
水である!

生物は
水がなければ
生きていけない

植物

タレス

生物

世界を論理的に説明する「哲学」が誕生!

▶ 代表的な自然哲学者〔図2〕

古代ギリシアでは、自然(世界)の根源を探求する自然哲学者が多く誕生。

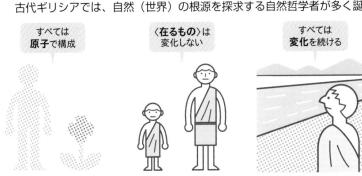

すべては
原子で構成

〈**在るもの**〉は
変化しない

すべては
変化を続ける

デモクリトス

人間も花も、すべては原子
によって構成されている。

パルメニデス

人間は成長するに従って姿が
変わっても同じ〈在るもの〉。

ヘラクレイトス

川は流れているので、同じ川
に2度入ることはできない。

古代・中世の哲学 **1**章

05 世界に"絶対"はない？『ソフィスト』の考え方

なるほど！ ソフィストは、「世界に絶対的な真理はない」と考える「相対主義」を生み出した！

　古代ギリシアの中心的なポリス（都市国家）だったアテネでは、民主政治が発達し、法廷などで他人を説得する弁論術が重視されるようになります。そのため、報酬をもらって弁論術を指導する哲学者**「ソフィスト」**が現れるようになりました。彼らの考え方はどのようなものだったのでしょうか？

　ギリシア各地をめぐって弁論術を教えたソフィストたちは、国や民族によって法律や道徳が違っていることに気づきます。そして、**「世界共通の絶対的な真理は存在しない！」**とする「相対主義」の考え方をもつようになりました。

　代表的なソフィストの**プロタゴラス**は、善悪などを判断する価値基準は人間一人ひとりの中にあると主張し、**「人間は万物の尺度である」**という言葉を残しました。この考え方を、**「人間中心主義」**といいます〔**図1**〕。

　ソフィストの思想によって、人間中心的で進歩的な考え方が現れる一方で、普遍的な真理に対する懐疑的な見方が広がり、価値の基準は各人の判断だとする相対主義が広まっていきました。そして、**「相手をいいくるめた人が得をする！」**という危険な価値観が広まってしまったのです〔**図2**〕。

相対主義 と 人間中心主義

▶「人間は万物の尺度」の意味 〔図1〕

プロタゴラスは、物事の価値を判断する基準は、個々の人間の感じ方・考え方にあるとした。

> 「人間は一生懸命働くべき」と考える人

> 「生活できるだけ働いて、なるべく遊ぶべき」と考える人

どちらが正しいかを決める基準はない

価値の判断は人によって違う!

▶ソフィストが招いた問題 〔図2〕

ソフィストがもてはやされたアテネでは、さまざまな問題が起きた。

相対主義の広がり

各人の判断が価値の基準とされ、全員に当てはまる正しさはないと考えられた。

詭弁家の増加

詭弁を弄して相手をいいくるめて、得をしようとする人が増えた。

有名な『無知の知』って どんな意味？

ソクラテスの言葉。知恵のある人は、「自分が無知だと知っている人」だという意味！

「無知の知」という言葉。聞いたことがある人も多いと思いますが、これ、誰がどんな意味でいった言葉なのでしょうか？

「無知の知」を唱えたのは**ソクラテス**です。ソクラテスは、ソフィストが活躍していたアテネで「善い生き方」を考えていました。あるときソクラテスは、アテネ郊外のデルフォイにあるアポロン神殿で**「ソクラテスこそが最も知恵がある」という、お告げがあった**と知ります。「自分に最も知恵があるとは思えない…」と、疑問を抱いたソクラテスは、自分より知恵がありそうな人物を探しに出かけました。

ソクラテスは知恵があると評判の人物に会い、**「〜とは何か？」と問いかけ、「〜である」という形で答えてほしい**と頼んで回りました。その結果、詩人は「美とは何か？」という問いに答えられず、将軍は「勇気とは何か？」に答えられず、賢者は「知識とは何か？」に答えられませんでした。彼らは、自分たちに知恵があると思いこんでいたのに、実は何も知らなかったのです〔**図1**〕。

ソクラテスはこの経験を通じて、**自分の無知を自覚すること（無知の知）が重要**で、「善く生きる」ために何が必要であるかを問い続ける人こそが、本当に知恵のある人だと気づいたのです〔**図2**〕。

知恵を求め続ける人が本物の賢者

▶ ソクラテスの問いかけ〔図1〕

ソクラテスは世間で名高い人物に会い、「〜とは何か？」と問いかけた。

問いかけの内容例

- 美とは何か？
- 「美とは〜である」という形で答えてほしい。
- 「花」とか「女性」といった具体例はNG。

ソクラテス

詩人 ……

▶ 無知の知〔図2〕

ソクラテスは、自分が無知であることを知り、知恵を探し求める人こそ、本当の賢者であると考えた。

無知の無知

自分に知恵があると思いこんでいる人は、それ以上、考えたり学んだりしなくなる。

無知の知

自分は無知だと気づいている人は、知恵を求めて、積極的に学び続ける。

古代・中世の哲学　**1章**

実はソクラテスの哲学は受け入れられなかった?

「知徳合一」を説いたソクラテスだが、
有力者の反感を買い、**死刑宣告**されてしまう!

ふだん、私たちは「善」「美」「正義」などの定義や本質まで、深く考えませんよね。それは、古代ギリシアのアテネでも同じでした。ソフィストの影響で、アテネでは弁論術を通じて市民の人気を勝ち取り、財産や権力を手にすることを「善い生き方」とする風潮がありました。これに対し、ソクラテスは「善」などの定義や本質をあえて問い続けました。こうして**西洋哲学が本格的に始まった**のです。

ソクラテスが出した答えは、**「魂が備えるべき徳をもてば、人は善い生き方ができる」**というもの。**徳(アレテー)**とは、「あらゆる物に宿っている固有の優れた性質」のことで、ソクラテスは、人の魂にも徳があり、その徳は「知恵」「勇気」「正義」など道徳的なことだと考えました〔**図1**〕。そして、徳について正しい知識をもつと善悪を判断できるようになり、善い生き方ができると説いたのです**(知徳合一)**〔**図2**〕。

しかし、ソクラテスの主張はソフィストや有力者たちの反感を買い、やがてソクラテスは「人々を惑わせた」という罪で死刑を宣告されます。友人たちから亡命をすすめられたソクラテスですが、法に背くわけにはいかないと彼らを諭しながら、**「一番大切なことは善く生きることだ」**といって、自ら毒杯を飲んで亡くなりました。

知恵と徳は同じもの

▶ ソクラテスの考える「徳」〔図1〕

古代ギリシアでは、あらゆる物には固有の性質があるとされ、その性質の中で最も優れた性質はアレテー（徳）と呼ばれた。

| 馬の徳は「速く走る」こと | 剣の徳は「よく切れる」こと | 人の魂の徳は「道徳的」なこと |

 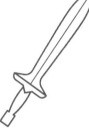 

▶ 人を善い生き方に導く「徳」〔図2〕

徳についての正しい知識をもつと、善悪の判断が可能になり、善い生き方ができる。

徳を知らない人
金銭や権力などに気を奪われ、心の平安を失う。

徳を知っている人
道徳的な善い生き方ができ、幸福になれる。

5人救う?　1人でも殺さない?
「トロッコ問題」

「多くの人の命を助けるなら、少数の犠牲はしかたないのか?」
という倫理感などを問う思考実験です。

　　あなたは線路の分岐点にいます。そこに、ブレーキがこわれたト
ロッコが走ってきました。このまま放っておけば、前方で作業して
いる5人は確実にトロッコにひき殺されてしまいます。

　　そして、あなたの目の前には分岐器のハンドルがあります。この
ハンドルを切れば、トロッコは別線路に入るため前方の5人は助か
りますが、別線路には1人の作業員がいて、確実にトロッコにひき
殺されてしまいます。あなたなら、どうしますか?

この思考実験は、イギリスの哲学者**フット**が提唱した**「トロッコ問題」**です。

犠牲者の数だけを考えるなら、**「1人を犠牲にして、5人を救うのが正しい」**と考えることができますが、「ハンドルを切る」という行為は、自分の意思による行為であり、一種の「殺人」だと考えることもできます。**「他人を誰かのために利用するべきでない」**と考えるなら、ハンドルを切るべきではありません。

哲学的には、「5人を救う」という判断は、**功利主義**（➡P126）の立場であり、「ハンドルを切らない」という判断は、**道徳法則**（➡P106）の立場だといえます。トロッコ問題は、現在の技術開発の現場でも、「自動運転で同じ状況になったとき、AI（人工知能）にどう判断させるべきか」が現実問題になるなど、重要な議題となっています。

功利主義の立場	道徳法則の立場
行為を行うときは、最も多くの人に幸福をもたらすようにするべき。	行為の道徳的な正しさは、その行為を行うときの意思で判断するべき。

1人を犠牲にしても5人の命を救うべき

5人を救うために、1人を犠牲にする行為は道徳的でない

現実とは別に、理想的な『イデア界』がある?

なるほど! あらゆる物事には**完全で理想的なイデア**があり、イデアだけで構成された**イデア界**が存在する!

　ソクラテスの弟子の**プラトン**は、師と同じく「善」について追求していました。多くの人は「善とは何か?」と聞かれると悩んでしまうと思いますが、例えば、人助けをしている人を見れば、ほとんどの人は「(これは)善だ」と思いますよね。このように、「善」は現実世界において感覚や時代、場所によって変化するものの、人が「善」そのものの存在は知っていることにプラトンは気づきます。

　その理由を、プラトンは**「絶対的な善が存在する世界がある」**からだと考えました。さらに善だけでなく**「あらゆる物事には完全で理想的な姿がある」**と考え、それを「イデア」と呼びました〔**図1**〕。プラトンは、永遠で完全な**イデア界**が本当の世界のあり方であり、多種多様な人や物が存在し、時間とともに変化してやがて消えていく**現実世界(現象界)**はイデア界(本当の世界)の影のようなものだと考えたのです。

　現実世界に閉じこめられた人間は、イデア界を見ることはできません。そのため、感覚でとらえた不完全な現象を、現実だと感じているのです。プラトンは、そのような人を、洞窟に閉じこめられ、松明が照らす影絵を見て、本物だと思いこんでいる人にたとえました。これを**「洞窟の比喩」**といいます〔**図2**〕。

理想像があるから認識できる

▶ 完全な理想像「イデア」〔図1〕

例えば三角形を描くとき、私たちはイデア界に存在する完全な三角形を思い浮かべながら描いている。

三角形?

三角形のイデア

「三角形のイデア」があるから、描かれた三角形は不完全でも、誰もが「これは三角形だ」と認識できる。

▶ 洞窟の比喩〔図2〕

プラトンは、感覚だけを信じている人を、洞窟の中に手足をしばられて、松明が照らす影絵を本物だと思いこむ人にたとえた。

イデア界
理性を使う人が見る世界

現実世界（現象界）
感覚だけを使う人が見る世界

09 魂は何でできてる？『魂の三分説』とは

なるほど！ プラトンの考えた人の魂の構成要素。
理性・意志・欲望の3つでできている！

　イデアという理想世界があると考えたプラトンは、人間の魂についても理想的なあり方を考えるようになりました。そして、人間の魂は**理性・意志・欲望**の3つの部分から成り立つと考えました。これを**「魂の三分説」**と呼びます。

　プラトンは、魂の三分説を二頭立ての馬車でたとえています。御者は理性、白い馬は意志、黒い馬は欲望をあらわし、御者は二頭の馬をバランスよく操って前に進むべきだと説いたのです〔**図1**〕。

　またプラトンは、理性・意志・欲望が正しく働くと、それぞれ**知恵・勇気・節制という徳**（➡P26）を備えられると考えました。そして、魂が調和と秩序を保つときに、**正義**の徳が生まれると考えました。これらの知恵・勇気・節制・正義は、古代ギリシアの**「四元徳」**と呼ばれます〔**図2**〕。プラトンは、**魂がイデアを求める欲求を「エロース」と呼び、「人は常に善を求める」と考えた**のです。

　プラトンは、国家の階級を魂と同じように3つに分けるべきだと主張します。知恵をもった統治者階級が政治を行い、勇気をもつ戦士階級が国家を守り、節制を保てる生産者階級が勤勉に働く。そして、「正義のイデアに従って理想の国家を追求する哲学者が、国家を統治するべき」だと主張したのです**（哲人政治）**。

理想的な人間の魂とは?

▶ 魂の三分説〔図1〕

プラトンは、理性を「馬車の御者」、意志を「命令に従う美しい馬」、欲望を「命令に従わない醜い馬」にたとえた。

意志

理性

欲望

醜い馬（欲望）を制御できないと、馬車はうまく進むことができない。

▶ 四元徳〔図2〕

魂が正しく働くと、知恵・勇気・節制という3つの徳になり、この3つが調和するとき正義の徳が生まれる。正義を追求するのが哲人政治である。

理性は頭部、意志は胸部、欲望は腹部に宿るとされ、魂の主体は理性とされる。これには、「人間は理性的」とする古代ギリシアの人間観があらわされている。

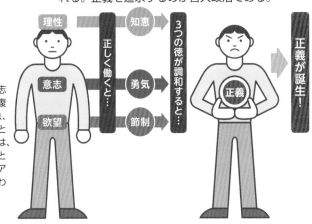

理性　　知恵

意志　　正しく働くと…　勇気　　3つの徳が調和すると…

欲望　　節制

正義

正義が誕生！

10 物事の本質はどこ？『アリストテレスの哲学』

なるほど！ アリストテレスは、**物事の本質**はイデア界でなく、**現実世界の個々の物にある**と考えた！

「万学の祖」と称えられた哲学者の**アリストテレス**。彼は、師であるプラトンの「イデア論」（➡P30）について「理想的なイデア界は、本当に存在するのか？」と、疑問をもちました。

アリストテレスは、植物や動物の観察を続けるうちに、**一つひとつの個体＝「個々の物」だけが、現実に存在する**のだと考えるようになります。そして個々の物は、その材料である**質料（ヒュレー）**と、その中にある本質的特徴といえる**形相（エイドス）**が合わさって成り立っていると考えました〔**図1**〕。

また、これらの質料（因）と形相（因）に加えて、**「作用因」**（物に働く力）、**「目的因」**（何のためか）を加えた４つが、この世界のすべてのものの原因であると、アリストテレスはいいます**（四原因説）**。例えば、大工が家をつくるとき、木材などの材料が質料因、家のデザインが形相因、大工の手作業が作用因、住むためというのが目的因になります〔**図2**〕。

アリストテレスの説く形相（エイドス）は、プラトンの「イデア」に当たるものです。つまり、物事の本質はイデア界という別世界ではなく、**現実世界の個々の物に存在している**と、アリストテレスは考えたのです。

質料と形相の関係

▶「質料」と「形相」〔図1〕

アリストテレスは、個々の物は質料と形相が合わさって成り立つと考えた。

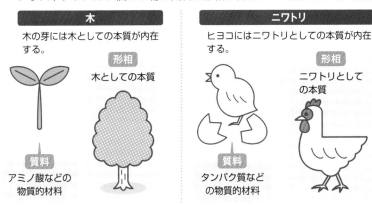

木

木の芽には木としての本質が内在する。

形相　木としての本質

質料　アミノ酸などの物質的材料

ニワトリ

ヒヨコにはニワトリとしての本質が内在する。

形相　ニワトリとしての本質

質料　タンパク質などの物質的材料

▶「四原因説」を家の建築にたとえると…〔図2〕

アリストテレスは、この世界のすべてのものは、4つの原因で成り立っていると考えた。家の建築を例にすると、以下のようになる。

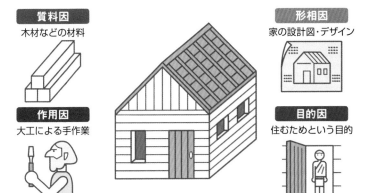

質料因　木材などの材料

作用因　大工による手作業

形相因　家の設計図・デザイン

目的因　住むためという目的

11 世界のすべては原因と結果で成り立つ?

なるほど！ 原因と結果をたどると最初の原因に行き着く。
アリストテレスは、それを「神」と呼んだ！

アリストテレスの「四原因」（⇒ P34）という考え方は、物事には「原因と結果」があると考えることです。「木になる」という目的因がある「芽」は、木に成長し、その木に「木材になる」という目的因があれば、木材として利用されるのです。アリストテレスは、**すべての物事には「原因と結果」がある**と考え、世界の成り立ちを説明したのです。

しかし、この考え方を突きつめると、**「最初の原因は何か？」**という問題に行き着きます。原因と結果をたどっていけば、無限の連鎖におちいってしまうのです**（無限後退）**。この連鎖を止めるには、「すべての物事の原因となる出発点」を設定するしかありません。この存在をアリストテレスは、**「ほかから動かされることなく、ほかのすべてを動かす者」（不動の動者）**といい、これこそが「神」だと主張したのです〔図1〕。

このように、アリストテレスは、人間の感覚を超えた形のない「存在理由」や「最初の原因」などを論理的に考え続けました。こうした学問は、後世、「自然学」（フィシカ）に関するアリストテレスの著作群の「後ろ」（メタ）にたまたま置かれたという偶然も重なり、**「形而上学」（メタフィシカ）**と呼ばれるようになりました〔図2〕。

アリストテレスの「形而上学」

▶ 原因と結果の行き着く先 〔図1〕

あらゆる物事について原因と結果をたどったとき、「すべての出発点」である「不動の動者」に行き着く。アリストテレスは、これを神と呼んだ。

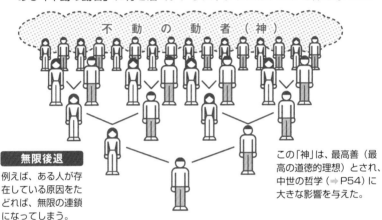

不　動　の　動　者（神）

無限後退

例えば、ある人が存在している原因をたどれば、無限の連鎖になってしまう。

この「神」は、最高善（最高の道徳的理想）とされ、中世の哲学（→ P54）に大きな影響を与えた。

▶ 形而上学とは？〔図2〕

形のないものを論理的に考える形而上学は、アリストテレスの死のずっと後、「自然学を超えた学問」という意味となり、哲学とほぼ同じ意味で使われるようになった。

自然学

目に見える物事を、具体的に研究する。

地球はどのように動いているのか？

形而上学

目には見えない本質的な物事を考察する。

植物とは何か？

古代・中世の哲学 **1**章

12 人が幸福を感じるのは どんなとき?

なるほど! 「知性的徳」と「倫理的徳」を十分に発揮すると、人は**最も幸福を感じることができる!**

人にとって「幸福」とは何でしょうか？　ここでは、**アリストテレスの考えた幸福**について紹介します。

幸福は、「お金持ちになること」だったり「結婚すること」だったりと、人によって答えがさまざまです。このとき、「なぜお金持ちになりたいのか？」などと、その理由を問われ続けたら、結局はすべて**「幸福になりたいから」という理由に行き着く**とアリストテレスは考えました。幸福になることが、人の目的なのです。

そしてアリストテレスは、人が最も幸福を感じるのは、人の魂が備えるべき徳（⇒ P26）が十分に発揮されているときだと考えました。そして、この徳を**「知性的徳」**（知恵・思慮など）と、**「倫理的徳」**（勇気・節制など）のふたつに分けて考えました〔**図1**〕。

アリストテレスは、**理性を使って客観的に真理を探究する「観想」**（テオリア）を、知性的徳の中で最も大切だと考えました。一方、勇気や節制、正義などの倫理的徳は、毎日の習慣によって身につくと考え、**「中庸」（メソテース）**を保つことが重要だと主張します。

中庸とは、両極端なことを悪徳とし、バランスのよい選択をすること〔**図2**〕。中庸を習慣化できれば、感情や欲望を適切にコントロールできるようになり、倫理的徳が身につくのです。

理性を使ってほどよく生きよう

▶「知性的徳」と「倫理的徳」〔図1〕

アリストテレスは、人が備えるべき徳をふたつに分けて考えた。

知性的徳

知恵、思慮などがあるが、理性を使って真理を探究する観想（テオリア）が最も重視される。

倫理的徳

習慣によって身につく性格で、勇気や節制、友愛、矜持（誇り）、寛大さ、機知、正義などがある。

▶幸福になるために必要な「中庸」〔図2〕

人が幸福になるには、自分の置かれている状況を見極め、適切な判断・行動をすることが大事。例えば「勇気」は、無謀と臆病の間にある（中庸）。

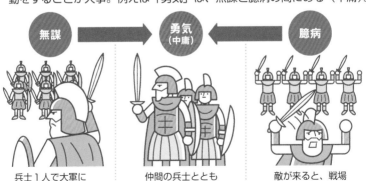

無謀 ➡ **勇気（中庸）** ⬅ **臆病**

兵士1人で大軍に突撃する。

仲間の兵士とともに敵と戦う。

敵が来ると、戦場から逃げ出す。

知っておきたい！ アジアの哲学 1

「仏教」

苦悩を解き放つブッダの教え

日本人にも身近な宗教である「仏教」も、哲学といえます。
どのように生まれた、どのような教えなのでしょうか？

　仏教の開祖である**ゴータマ・シッダッタ**（前563頃〜前483頃）
は、北インドのシャーキ（釈迦）族の王子として生まれました。**シ
ャーキャムニ（釈迦牟尼）**、**ブッダ（仏陀）**とも呼ばれます。

　ブッダは、人間は老いや病気、死などの苦しみから逃れられない
（**一切皆苦**）と気づいた後、苦悩から脱する道を探し求めて厳しい修
行を続け、ついに聖地ブッダガヤーの菩提樹の下で悟りを開きます。

ブッダが考えた真理とは、「すべては時間とともに変化し、けっして同じ状態にとどまらない」（**諸行無常**）、「神のような超越者も、自我を含め、それ自体では存在しない」（**諸法無我**）、「苦しみから脱した理想の境地が、絶対的な心の平安をもたらす」（**涅槃寂静**）というもの。この３つの真理は、「**三法印**」と呼ばれます〔**下図**〕。

　さらにブッダは、無常であるこの世に執着するから苦しみが生まれるのだということに気づくことが重要だと説きます。そして、苦しみから脱した理想の姿に到達する道として、見解、思想、言葉、行為、生活、努力、思慮、修行という８つの徳目を正しく行うべきだと説いたのです（**八正道**）。

　ブッダは**現実の苦しみから人々を解放すること**を願って自分の教えを説きはじめ、これが「**仏教**」として発展しました。

三法印　3つの真理のしるしという意味。

諸行無常

どんなに栄華を極めた人も必ず死に、どんなに栄えた王国も、いずれは滅びる。

諸法無我

それ自体で「我」なるものなどない。我はすべての物事との関係のうえでのみ成り立つ。

涅槃寂静

諸行無常、諸法無我の事実を知ると執着は消え去り、苦しみのない涅槃が訪れる。

13 「死」は怖くない？ 『快楽主義』の考え方

なるほど！ 死の恐怖などから解放された「魂の平静」を
目指すために、**エピクロス**が提唱した考え方！

　紀元前4世紀には、アレクサンドロス大王がギリシアからインド北部にまたがる大帝国を築き、ヘレニズム時代がはじまります。ポリス（都市国家）が解体されて、ポリス社会に特有な「徳」を超えた、普遍的な個人の生き方が模索されるようになりました。こうした状況で登場したのが、**エピクロス派**でした。

　エピクロス派の開祖で哲学者のエピクロスは、友人らと郊外で共同生活を送りながら**「快楽主義」**を説きました。エピクロスのいう快楽とは、精神的な快楽を指します。エピクロスは、**不安や恐怖、苦痛などから解放された「魂の平静」（アタラクシア）**を求めたのです〔**図1**〕。

　エピクロスは、魂の平静を実現するには、飢えや渇きなどの最低限の自然な欲求を満たすことが必要だといいます。そして、死の恐怖から逃れるべきだと主張し、**「我々が存在するとき死は存在しない。死が存在するとき我々は存在しない」**として、死を恐れる必要はないと説きました〔**図2**〕。

　さらに、人の心を乱す政治からは、距離を置くことが必要とも主張します。**「隠れて生きよ」**をモットーに、社会との距離を置いて生活することを提案したのです。

エピクロス派 の 快楽主義

▶ エピクロスの「快楽主義」〔図1〕

エピクロスは、苦痛や死の恐怖から解放された「魂の平静」を実現した状態を、「精神的な快楽」とした。

感覚的な快楽

肉体的な快楽や、虚栄心を満たしても、魂の平静は訪れない…。

精神的な快楽

飢え・渇き・寒さから逃れ、死の恐怖を克服すると、魂は平静になる！

▶ 死の恐怖の克服法〔図2〕

エピクロスは、死について考えて、不安になる必要はないと説いた。

死が存在していないとき

生きていれば死んでいないので、死について悩む必要がない。

死が存在しているとき

死んでしまえば、死に対して恐怖することはできない。

14 自然と一体化する？『禁欲主義』の考え方

なる ほど！ 快楽や欲望を抑え、**自然と一体化**できれば、運命に翻弄されずに**善い生き方ができる！**

　快楽や欲望のままに生きる…のは、人の迷惑になりそうで悪いことのように思えますよね。その反対、快楽や欲望を抑える**「禁欲主義」**が、ヘレニズム時代には唱えられていました。

「禁欲主義」を唱えたのは、**ゼノンを開祖とするストア派**です。「人間や自然を含む宇宙は、**理性（ロゴス）の法則が支配している**」と考え、**「自然と一致して生きよ」**と説きました。つまり、人間は快楽や欲望を抑えて、宇宙を貫く秩序・法則に従えば、自然と一体化して生きることができ、心の平静が得られる…ということです。ちなみに、同時期の**快楽主義**（➡P42）と真逆に見えますが、快楽主義も不安や恐怖を解体させて魂の平静を目指すので、基本は同じです。

　ヘレニズム時代には、ポリスが解体されてギリシア人たちは心が乱れていました。そんな中でストア派は、こうした心の乱れ＝**情念（パトス）**は理性の敵だと考え、パトスに振り回されないために、**不動心（アパティア）の境地を目指すべき**だと訴えました〔**図1**〕。

　ストア派の思想はローマ時代にも引き継がれます。2世紀のローマ皇帝**マルクス・アウレリウス**は、神の定めたロゴスが支配する世界を信頼することで、厳しい困難や運命に立ち向かい、不動心を確立していったといわれています〔**図2**〕。

心を動揺させるのは、自分自身

▶ 情念（パトス）と不動心（アパティア）〔図1〕

ストア派は、外部がどのような状況でも、それを理性（ロゴス）が支配する自然（運命）として受け入れるように説いた。

情念に振り回された状態

外部の影響で、激しい感情や欲望などが生じ、心が動揺する。

不動心に到達した状態

心を乱すのは自分の内面だと気づき、運命を受け入れる。

▶ 哲人皇帝マルクス・アウレリウス〔図2〕

アウレリウスは、外部の影響で心が動揺しそうになるとき、ロゴスに照らして自分の内面を見つめ、不動心を高める努力を続けた。

マルクス・アウレリウス
（121～180）

自分の内を見よ。
内にこそ
善の泉がある

アウレリウスが直面した困難

● 洪水や地震などの自然災害
● 天然痘などの疫病の蔓延
● 異民族の絶え間ない侵入
● 妻や数多くの子どもの死

古代・中世の哲学 **1章**

キリスト教

ざっくり わかる!

中世以降の西洋哲学は、キリスト教との関係を抜きにしては語ることができません。キリスト教の誕生や思想を、ざっくりと紹介します。

ユダヤ教の誕生

ユダヤ教は、パレスチナ地方に住む**イスラエル人（ユダヤ人）**の民族宗教。紀元前13世紀頃、宗教指導者**モーセ**が、唯一絶対神ヤハウェから**10か条の律法（十戒）**を授かった。イスラエル人は、この律法を守れば、将来、救われると信じた。ユダヤ教の聖典は、キリスト教では『**旧約聖書**』と呼ばれる。

ユダヤ教の思想

◉ヤハウェを唯一絶対神とする。
◉律法を守れば救われる。

モーセ
（前13世紀頃）

ユダヤ教の指導者。神から十戒を授かった。

キリスト教の誕生

イエス
（前7頃~後30頃）

30歳頃に洗礼を受け、神の愛を説いたが、ユダヤ教の指導者から迫害を受け、処刑された。

パレスチナに生まれた**イエス**は、ユダヤ教の律法を厳格に守る人々を批判し、**神が万人に与える無償の愛（アガペー）**を説いた。ユダヤ教徒から反感を買ったイエスは、反逆者として十字架にかけられた。イエスの復活を信じる人たちは、イエスを**救世主（キリスト）**と考え、キリスト教が誕生した。イエスの言葉は『**新約聖書**』にまとめられている。

キリスト教の特徴

◉ユダヤ教と同じ神を信仰する。
◉律法よりも「神の愛」を重視する。

イエスの教え

イエスは、神の愛を**アガペー**と呼び、万人に無償に注がれていると説いた。そして、**人間も神にならって隣人を愛すべき**だと訴えた。また、敵に対して復讐心ではなく、赦す寛容さをもつべきだと説いた。

神の愛（アガペー）は
無償で万人に注がれる

⬇

人間も神にならって、
隣人を愛するべき

イエスの言葉

- 自分を愛するように、あなたの隣人を愛しなさい。
- 右の頬を打たれたら、左の頬を差し出しなさい。

キリスト教の広まり

イエスの処刑後、**パウロ**（?～64）たちが、**イエスが処刑された意義**を人々に伝えてキリスト教を広めた。当初、ローマ帝国ではキリスト教は禁止されたが、313年に公認されてローマの**国教**となった。

イエスの贖罪

キリスト教の聖典『旧約聖書』によると、人間の始祖アダムとイブは、神の命令に背いて知恵の実を食べ、この罪のため、アダムとイブの子孫である人間は、生まれながらに罪を背負っているとされる（原罪）。キリスト教では、イエスが十字架で処刑されたのは、すべての人間の原罪を贖う行為だと考え（贖罪）、この犠牲的なイエスの愛を神の愛とする。

古代・中世の哲学 **1**章

15 キリスト教の確立にも 哲学が関わっていた？

　初期のキリスト教には、いくつかの疑問点がありました。例えば、神がつくった人間の始祖アダムとイブが神の命令に背いて知恵の実を食べたため、アダムの子孫である人間は原罪を背負ったとされますが、**「なぜ完全である神が、神を裏切るような不完全な人間をつくったのか？」**といった疑問が生まれます。ほかにも、キリスト教の神はユダヤ教と同じ唯一絶対神であるため、**「生身の人間として現れたイエスは神ではないのか？」**という疑問も出てきます。

　そこで、キリスト教の指導者（教父）たちは、ギリシア哲学を応用して正統な教義の確立を目指しました。これを**「教父哲学」**といいます。教父たちは、**父なる神／子なるイエス／精霊は、それぞれ別の位格（ペルソナ）をもつが、実体としてはひとつである**という三位一体説を確立します〔**図1**〕。こうしてキリスト教は、イエスを神だと信じる宗教になったのです。

　教父哲学を説いた代表的な哲学者が**アウグスティヌス**です。アウグスティヌスは、最高善をもつ神に比べて人間の善は小さいので、人間の自由意志は惑いやすいと主張しました。そして、**人間は「神の恩寵」によってのみ救済される**可能性があり、神の恩寵を人間に取り次ぐのが教会だと説きました〔**図2**〕。

キリスト教の正統な教義

▶ 三位一体説〔図1〕

唯一絶対神の実体はひとつだが、父なる神／子なるイエス／精霊という３つの位格があるという説。325年のニケーア宗教会議で提唱され、しだいに正統な教義として認められていった。

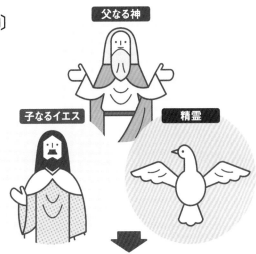

父なる神

子なるイエス

精霊

別々に見えても実体はひとつ！

▶ 人間の自由意志と「神の恩寵」〔図2〕

人間の自由意志は誤作動を起こすため救済の可能性はなく、神の恩寵によってのみ救済される。

始祖アダムとイブが神の教えに背いて禁断の実を食べたのは、自由意志によるもの。自由意志によって犯された罪は、自由意志では救われないので、罪を救えるのは、神の恩寵のみということになる。

古代・中世の哲学 **1**章

人間には全人類共通の変わらない本質がある?

なるほど! キリスト教の教義が成立するために、人類共通の「普遍」の有無で論争が起きた!

　日本人の太郎さんも、アメリカ人のメアリーさんも、エジプト人のモハメッドさんも、見た目は全然違うのに同じ「人間」だと私たちは認識できますよね。個々の物から独立して存在する「人間性」のようなものを**「普遍」**といいます。

　中世ヨーロッパでは、キリスト教の教義を研究する**「スコラ哲学」**が起こりました。キリスト教では、人間の始祖アダムとイブが神に背いた罪（原罪）を、その子孫である人間が背負うとされます。**「アダムとイブの本質は、全人類に当てはまる」**と考えるならば、全人類に共通する「普遍的な本質」について語れるはずです。しかし、普遍的な本質とはどんな意味のもので、どう存在するのか…？　こうして**「個々の物とは独立した普遍そのものが存在するのか？　しないのか？」**という論争が起きたのです（**普遍論争**）。

　人間の普遍的本質をめぐっては、３つの立場が登場しました。ひとつめは、「人間」という本質がすべての人間から独立に存在しているという**「実在論」**。ふたつ目は、もともとは個人個人が存在するだけで、それぞれに「人間」という名前を当てはめているにすぎないとする**「唯名論」**。３つ目は、普遍的本質は世界にあるのではなく、概念としてのみあるとする**「概念論」**です〔**右図**〕。

キリスト教の教義に関わる「普遍」

普遍をめぐる3つの立場

「普遍」は、プラトンの「イデア」や、アリストテレスの「形相」にあたるもの。普遍をめぐって実在論と唯名論は対立したが、概念論が登場して、この対立はおさまりを見せる。

実在論 代表者 **アンセルムス**（1033～1109頃）

「人間」という普遍的本質は、すべての人間から独立して存在している。

唯名論 代表者 **ロスチェリヌス**（1050～1120頃）

「人間」という名前を、個人個人に当てはめているにすぎない。

概念論 代表者 **アベラール**（1079～1142）

「人間」という普遍的本質は、概念としてのみ存在する。

051

古代・中世の哲学 1章

言葉だけで理解するのは限界がある?

「カブトムシの箱」

「自分の感覚を他人と共有するための言葉はあるか?」という、
言葉に関する哲学的な問いかけです。

　あるグループの人たち全員が、箱をひとつだけ持っています。その箱の中には、「カブトムシ」と呼ばれるものが入っています。

　ただし、誰もほかの人の箱の中をのぞき見ることはできません。自分の箱の中を見ることによってのみ、カブトムシが何かを知ることができるとします。

　このとき、全員が持っている箱の中にカブトムシが入っているといえるでしょうか?

解説

　これは**ヴィトゲンシュタイン**（⇒P152）が考案した思考実験です。他人の箱の中を確認できなければ、自分の箱と同じカブトムシが他人の箱にも入っているかどうかは、結局のところわかりません。成虫か幼虫かもわからず、ひょっとするとおもちゃのカブトムシもしれませんよね。つまり、**他人の箱のカブトムシは、まったく違うものである可能性がある**のです。

　「カブトムシ」を「痛み」に置き換えると、この思考実験の意味がわかります。「ちょっと痛い」「すごく痛い」と他人に伝えても、伝えられた人は、自分の経験から痛みを想像することはできても、正確にその痛みを感じることはできません。**自分の感覚と他人の感覚が同じであるとはいえない**からです。

　ヴィトゲンシュタインは、**感覚や感情、意志など、自分の体験を自分のためだけに記録する言語を「私的言語」と呼び**、私的言語は他人が理解できないので、無意味なものと主張しました〔**下図**〕。いずれにせよ、他人の感覚や感情を、言葉で理解することはとても難しい…ということですね。

私的言語

自分の感覚を自分のためだけに記録する「私的言語」は、他人には正確に理解できない。例えば、けがをした人が「すごく痛い」といっても、痛みをほとんど経験してない人には通じない。

すごく痛い…

崖から落ちたときぐらい痛いのかな…？

古代・中世の哲学 **1**章

17 神の存在はどうやって証明する?

なるほど! 世界創造という「最初の原因」を
つくれるのは神だけ、と**哲学者トマス**は考えた!

　キリスト教の教義は、神が存在していることを前提に議論されてきました。しかし、神は本当に存在しているのでしょうか?

　中世最大の哲学者とされる**トマス・アクィナス**は、神の存在を証明するために、**「本質」と「存在」という区別のあり方**に注目しました。現実世界に存在するあらゆる物には本質があります。例えば、ナイフには「切る」という本質があり、人間には「理性的」という本質があります。一方で、ペガサスのように「翼のある馬」という本質はあっても、存在しないものもあります。通常、存在と本質は区別できますが、神については、その本質の中に存在していることが必然的に含まれていると考えます。そこでトマスは、**神は「本質と存在が一体化」しているため、本質と存在を区別できない**と主張しました〔**図1**〕。

　またトマスは、アリストテレスの哲学を取り入れて、神の存在を証明しようとしました。アリストテレスは、世界は原因と結果の連鎖で成り立っているとし、すべての物事の原因となる出発点を**不動の動者**と名づけ、これを神と呼びました（➡ P36）。トマスは、何も存在していない世界に、**世界を創造するという「最初の原因」をつくれるのは神以外にあり得ない**と主張したのです〔**図2**〕。

神は存在することが本質

▶「存在」と「本質」の区別 〔図1〕

あらゆる物事は存在と本質を区別できる。しかし、神の本質は「全知全能」なので、その本質に存在が含まれる。

存在している	存在していない
人間	ペガサス

本質 理性的

本質 翼のある馬

→ **存在と本質を区別できる**

存在している?

神

本質 全知全能

→ **存在と本質が一体化している**

▶ 神の存在証明 〔図2〕

トマス・アクィナスは、神が世界より先に存在し、無から世界を創造しなければ、世界は存在するはずがないと説いた。

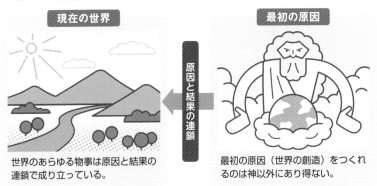

現在の世界

原因と結果の連鎖

最初の原因

世界のあらゆる物事は原因と結果の連鎖で成り立っている。

最初の原因（世界の創造）をつくれるのは神以外にあり得ない。

古代・中世の哲学 **1章**

18 神学と哲学を切り離す？『オッカムの剃刀(かみそり)』

なるほど! 哲学者オッカムが考えた理論。これにより、哲学は神学の制限から解放されて発展する！

トマス・アクィナスが完成させたスコラ哲学では、「哲学は神学の侍女(じじょ)だ」とされていました。つまり、**理性で到達する哲学は、信仰によってしか到達できない「真理」を探求する神学よりも下に見られていた**のです。アクィナスは、神学と哲学どちらの道からでも神の存在に到達できると主張しましたが、結局のところ、神の存在は「信じること」が最重要だとされていたわけです。

こうしたスコラ哲学の伝統を推進した神学者で哲学者の**オッカム**は、信仰に必要な純粋なキリスト教の教えが、哲学の「存在」「普遍」といった考えに汚染されていると考えました。オッカムは唯名論（→P50）の立場から、**抽象的な「神」や「人間」ではなく、個々の具体的な経験から神の存在や世界のできごとが説明できる**と主張。あいまいで抽象的な言葉づかいは不要だと戒(いまし)めました〔**図1**〕。こうして、神学（信仰）と哲学（学問）は次第に切り離されていくようになります。これを**「オッカムの剃刀」**といいます〔**図2**〕。

哲学（学問）は、抽象的な普遍について考えるのではなく、現実世界の具体的な現象を観察や実験によって探求する方向へと向かっていくことになります。それにより、キリスト教会の制限から自由になって、発展していくのです。

神を学問で探求しない

▶ オッカムが戒めた「抽象的な考え」とは？〔図1〕

オッカムは、個々の具体的な経験から神の存在や世界のできごとが説明できるので、「存在」「普遍」といった抽象的な考えは不要とした。

山が「存在」するとはどういうこと？

人間に「普遍」はある？

こうした抽象的な考えは、あいまいにならざるを得ないので、キリスト教には不要！

▶ オッカムの剃刀〔図2〕

オッカムは、神学の領域について抽象的に論じるのは無用だと主張した。これにより、具体的な観察や実験によって世界を理解する学問が発達した。

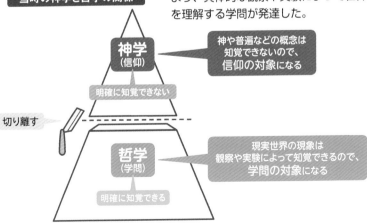

当時の神学と哲学の関係

神学（信仰）

神や普遍などの概念は知覚できないので、信仰の対象になる

明確に知覚できない

切り離す

哲学（学問）

現実世界の現象は観察や実験によって知覚できるので、学問の対象になる

明確に知覚できる

「大乗仏教と
上座部仏教」

ブッダの精神を受け継ぐふたつの流れ

ブッダが開いた仏教は、その後、どのように発展し、広がっていったのでしょうか？

　　ブッダ（➡P40）の死後、仏教教団は分裂して20ほどの部派に
分かれ、やがて**「上座部仏教」**が生まれました。上座部仏教は、ブ
ッダの教えを純粋に守り、厳しい**戒律**（僧が守るべき規則）と**修行**
によって、ブッダに限りなく近い聖者**「阿羅漢」**になることを目指
します。上座部仏教は、スリランカや東南アジアのミャンマー・タ

イなどに伝播していきました。

　これに対し、「上座部仏教では庶民を救えない」と批判する勢力が現れました。彼らは、すべての生き物（衆生）を救うために改革運動を起こし、これが**「大乗仏教」**へと発展しました。「大乗」とは、すべての衆生を救うことを意味します。大乗仏教側は、個人救済を目指す上座部仏教を「小乗仏教」と呼んで批判しました。

　大乗仏教が目指す理想像は、悟りを目標としながら、慈悲の心をもって衆生を救済する人で、**「菩薩」**と呼ばれます〔**下図**〕。菩薩が悟りを得るには、**「六波羅蜜」**を実践する必要があるとされます。六波羅蜜とは、**布施**（物や教えを与える）・**持戒**（戒律を守る）・**忍辱**（苦痛に耐える）・**精進**（努力する）・**禅定**（精神統一）・**般若**（悟りを得る知恵）の6つの徳目のことです。六波羅蜜を完成させると、涅槃の境地に到達できるとされます。

　大乗仏教では、『般若経』『法華経』など、数多くの経典がつくられ、紀元3世紀頃には、**ナーガールジュナ（龍樹）**が**「万物には実体がなく『空』である」**と主張し、大乗仏教の理論を確立。その後、大乗仏教は中国、朝鮮を経由し、6世紀に日本に伝わりました。

上座部仏教	大乗仏教

ブッダの精神を受け継いで戒律や修行によって、ブッダと同じ悟りを得た聖者である「阿羅漢」を目指す。

六波羅蜜を実践しながら悟りを目指す一方、慈悲の心をもって衆生の救済に努める「菩薩」を目指す。

古代・中世の哲学　**1章**

「万学の祖」と称えられる哲学者

アリストテレス

（前384 – 前322）

　古代ギリシア最大の哲学者といわれるアリストテレスは、マケドニア王の侍医の子として生まれました。17歳のとき、アテネのアカデメイア学院に入学してプラトンに哲学を学び、そこで20年間研究を続けました。プラトンの死後、諸国を旅した後で、マケドニアの王子アレクサンドロス（後のアレクサンドロス大王）の家庭教師を務めます。やがてアテネに戻り、図書館や博物館を備えた学園リュケイオンを設立し、研究を続けました。

　哲学（形而上学）だけでなく、論理学・自然学・動物学・倫理学・政治学・弁論学・詩学など、幅広い分野で多大な功績を残したアリストテレスは、「万学の祖」と称えられます。代表的な著作には、『形而上学』『自然学』『ニコマコス倫理学』『政治学』『詩学』などがあります。

　アリストテレスの哲学は、イスラム世界を経由してヨーロッパに伝わり、スコラ哲学に大きな影響を与え、キリスト教の世界観を支えました。

　師であるプラトンが感覚を超えた「イデア」を重視したのに対し、アリストテレスは、観察できる現実の個々の物を重視する現実主義者でした。

　また、アリストテレスは、人間は他人と協力し、助け合いながら生きる社会的存在だと主張しました。そのことを、「孤独を愛するものは、神か野獣である」という言葉で表現しています。

2章

デカルトや
パスカルの
哲学とは？

近代初期の哲学

「我思う、ゆえに我あり」「人間は考える葦」
哲学の話になるとよく聞く言葉ですが、
これらは近代初期のデカルト、パスカルの言葉です。
デカルトを中心に始まった近代初期の哲学や、
イギリスで発展した哲学などを紹介します。

近代初期の哲学

ざっくり
わかる！

近代初期の哲学には、大きく「大陸合理論」と「イギリス経験論」の流れがあります。民主主義の源泉になる「社会契約論」も誕生しました。

近代初期哲学のテーマ ▶ **"認識"**

認識する精神（主観）と、認識される物体（客観）を基本に考えた。

「大陸合理論」の考え方

人間には生まれつき、真理や神などを認識できる能力が備わっているという考え。おもにヨーロッパ大陸で発展した。

我思う、
ゆえに我あり

デカルト
（1596〜1650）
➡ P64

人間も自然も
神と一体である

スピノザ
（1632〜1677）
➡ P70

神はあらかじめ世界が
調和するように定めた

ライプニッツ
（1646〜1716）
➡ P78

「イギリス経験論」の考え方

人間の知識は、すべて感覚を通じて得た経験によって得られるという考え方。おもにイギリスで発展した。

実験や経験から導き出された知識で自然を征服するべき

人間は「白紙」の状態で生まれてくる

存在するとは知覚されること

ベーコン
（1561〜1626）
➡P82

ロック
（1632〜1704）
➡P84

バークリー
（1685〜1753）
➡P86

「社会契約論」の考え方

近代のヨーロッパでは、社会（国家）は人々の契約の上に成立するという考えが誕生し、民主主義が発展した。

契約を守らない人を罰する権力が必要

すべての人々の意思を政治に反映するべき

ホッブス ➡P92
（1588〜1679）

ルソー ➡P94
（1712〜1778）

近代初期の哲学 **2章**

19 有名だけど、どんな意味？『我思う、ゆえに我あり』

なるほど！ すべてを疑ったデカルトが、「疑う自分だけは確実に存在する」と到達した真理のこと！

「我思う、ゆえに我あり」。聞いたことがある人も多いのでは？　近代哲学の扉を開いたフランスの哲学者**デカルト**の言葉です。

16～17世紀、コペルニクスやガリレイの研究によって、キリスト教の公式見解だった地動説が疑問視されるようになります。また、宗教改革が起こり、個人の信仰心を重視するプロテスタント（新教）が誕生し、従来のローマ教皇を中心とした知識や世界観は信用されなくなってきました。これまでの権威が揺らぐ中、「これこそは確実」と思える知識を探求したデカルトは、**「疑う余地がまったくないものがあれば、それは確実といえる！」**と考え、あらゆる知識や思想を疑いました**（方法的懐疑）**。デカルトは、世界や人生さえも「悪霊にだまされているのかもしれない」と疑いました。

こうしてすべてを疑ったデカルトですが、どうしても疑うことができないことに到達します。それは、**「疑っている『私』という存在がなければ、疑うことはできない」**という事実です。このことからデカルトは、**「私が『考えている』ことは確実なので、考えている私は『存在』する」**と主張し、「我思う、ゆえに我あり」と表現しました〔**図1**〕。こうして、デカルトによって、「精神」と「物体」という思考法が西洋哲学に定着していったのです〔**図2**〕。

世界が「私」に認識される

▶「我思う、ゆえに我あり」〔図1〕

あらゆる知識を疑ったデカルトは、世界や自分の存在さえも疑った。

疑っている自分

デカルトは、自分が生きている世界も「悪霊にだまされて見ている夢かもしれない」と疑ったが、「疑っている自分」は確実に存在すると考えた。

▶「精神」と「物体」〔図2〕

デカルトは、世界は精神としての「私」という存在が認識する対象であると考えた。これにより、「精神」（認識する自分）と「物体」（認識される世界）という思考法が生み出された。

世界を疑う前

「私」という存在は自然の一部で、世界に依存している。

世界を疑った後

精神　　　　物体

「私」という存在が世界を認識することで、世界は再構築できる。

近代初期の哲学 **2章**

20 心と体は別のもの？ デカルトの『心身二元論』

なるほど！ 「**身体**」（物体）と「**心**」を完全に区別し、
体は機械的なものと考えること！

デカルトにとって「私」とは、世界を認識する主体のことです。「私」が「思考」するとき「私」は存在するけれど、**「私」が「思考」をやめてしまえば、「私」は存在しなくなる**のです。では、デカルトは思考以外の「身体」をどう考えていたのでしょうか？

デカルトは、身体などの物体の本質を、蜜蝋（ロウソク）の例を使って、**「延長」**（空間的に広がる性質）だと規定しました。蜜蝋に火をつけると、固体から液体、気体へと変化しますね。しかし、どれだけ量や形が広がっても、物理的には計測できます。このように、物体を計測可能なものとする見方を、**「幾何学主義」**といいます。一方で、デカルトは自我（心）の本質を「思考」だと規定しました。思考は物理的に計測できません。

こうしてデカルトは、**思考と身体は別々に存在し、人間は心と身体で成り立っている**としました（**心身二元論**）。身体は、心に操られる機械的なものだと考えたのです〔**図1**〕。

心身二元論は、精神と切り離された物質世界を対象とする「近代科学」の道を開きました。ただ、「ストレスで腹痛になる」など、心と身体が密接に関係することも事実です。心と身体の問題は**「心身問題」**と呼ばれ、多くの哲学者によって議論されています〔**図2**〕。

身体から独立した自我

▶ 心身二元論 〔図1〕

デカルトは、自我（心）と身体（物体）の本質には違いがあり、別々に存在すると主張した。

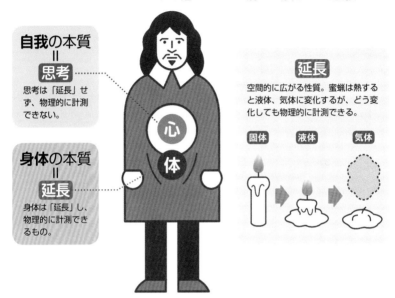

自我の本質
＝
思考
思考は「延長」せず、物理的に計測できない。

身体の本質
＝
延長
身体は「延長」し、物理的に計測できるもの。

延長
空間的に広がる性質。蜜蝋は熱すると液体、気体に変化するが、どう変化しても物理的に計測できる。

固体　　　液体　　　気体

▶ 科学をめぐる心身問題 〔図2〕

精神と身体とを切り離し、身体を機械のように扱うことで、近代科学は発展した。

「身体は機械のようなもの」と考える心身二元論によって、医学はめざましく発達した。臓器移植や再生医療、遺伝子治療などは、心身二元論の考えのもとで発展してきている。

21 誰でも真理にたどりつく？ デカルトの『演繹法』

なるほど！ 生まれつき備わっている**認識能力**をもとに、**演繹法**を使えば、人は**真理**に到達できる！

「自分の頭で考える」ことで真理に到達できると考えたデカルトは、人間の経験や感覚ではなく、理性を信頼していました。そして、人間が基本的な真理を認識できるのは、**「生得観念」**があるためだと主張しました。生得観念とは、経験に先立って生まれつき備わっている認識能力のこと。デカルトは、生得観念があるため、人間は実際に経験していなくても「完全」という概念を認識することができ、論理法則は正しいと理解できるのだといいます〔**図1**〕。

デカルトは生得観念をもとに**演繹法**によって正しい知識を得られると考えました。演繹法とは、**単純で確実な真理から、理性的な推理を重ねて、真理をつきとめる方法**です〔**図2**〕。

デカルトは、誰もがもっている理性を正しく用いれば、誰でも真理に到達できると考え、真理を発見するために４つの規則を提案しました。明らかに真理と認めたものだけを受け入れる**「明晰」**、問題をできるだけ細かく分ける**「分析」**、単純なものから複雑なものへと推理していく**「総合」**、最終段階で、今までに見落としがなかったかをすべて確認する**「枚挙」**です。

このデカルトの合理的な考え方は、フランスやドイツなどで受け継がれて発展したため**「大陸合理論」**と呼ばれます。

合理的なデカルトの思想

▶「生得観念」を与える神〔図1〕

デカルトは、人間は生まれつき正しい認識（観念）を神から与えられていると説き、神の存在を証明した。

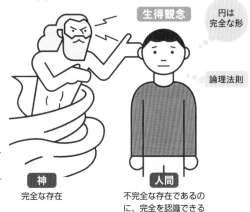

生得観念

円は完全な形

論理法則

神
完全な存在

人間
不完全な存在であるのに、完全を認識できる

> デカルトは、「人間は不完全な存在であるのに、完全の観念をもっている。これは、完全に善なる神が与えたとしか考えられない。そして、神は完全であるので人を欺くことはない」と考えた。

▶演繹法〔図2〕

演繹法は、単純明快な前提から、複雑な結論を論理的に推理する方法。「三段論法」は、代表的な演繹法である。

三段論法

大前提 人間は理性的な動物である

↓

小前提 ソクラテスは人間である

↓

結論 ソクラテスは理性的な動物である！

演繹法の問題点 前提が間違っていたら、結論も間違える！

22 人間も自然も、すべては神そのもの?

スピノザは、人間の心も身体も
この世界のすべては神であると主張した！

「神に酔える哲学者」と呼ばれたオランダの哲学者**スピノザ**は、「心と身体は別の実体」という心身二元論（➡P66）に反論を唱えました。人間は悲しいと涙が流れたり、怒ると目が血走ったりしますよね。こうしたことから、スピノザは、心と身体はそのあり方に違いがあっても、人間という同一物のふたつの側面であると考えます（**心身平行論**）。そして、**心も身体も「神」の異なる現れ**だと考えました。

スピノザは、神を無限で唯一の実体と考えます。そして、人間は自然の一部であり、自然は神の現れであるので、**神と自然、ひいては人間も一体**だと唱えました（**汎神論**）〔**図1**〕。

人間の心も身体も神の一部となるので、**人間に自由意志はなく、神の意志によって行動している**ことになります。人間は、神によって動かされているだけなのに、「自分の意志で行動している」と思いこんでしまうというのです〔**図2**〕。

神の視点（永遠の相のもと）から人間を見た場合、自由や偶然は存在せず、あらゆる感情や行動はすべて神によって決定されていることになります（**決定論**）。さまざまな感情も、「すべては自然現象にすぎない」と直感できれば、神を愛し、神から愛されることになり、心の安らぎと幸福を得ることができるというのです。

この世界は神そのもの

▶ キリスト教の世界観と汎神論〔図1〕

キリスト教では、「最初の原因」である神が世界を創造したとするが、汎神論では、神が過去・現在・未来を通じて世界全体を覆うと唱える。

キリスト教の世界観

神　世界

「無」の状態に神が現れ、世界を創造する。

汎神論

神＝世界

人間の心も含め、世界は神と一体化する。

▶ スピノザが否定する「自由意志」〔図2〕

スピノザは、人間が自由意志で行動していると思いこむのは、投げられた石が「自分で飛んでいる」と思っているようなものだと説明した。

飛んでいるのは石の意志

石

私の意志で
飛んでいる

人間に投げられた石が「自分の意志で飛んでいる」と思うのは間違っている。

ジャンプしているのは神の意志

神の意志で
ジャンプした

ジャンプした人間が「自分の意志でジャンプした」と思うのは間違っている。

近代初期の哲学 **2**章

23 人間は『考える葦』？ パスカルの哲学とは

「**人間は考える葦である**」という言葉は有名ですよね。これは、フランスの哲学者**パスカル**の言葉ですが、どういう意味でしょうか？

　パスカルは、人間という存在を、完全な存在である「神」と、欲望を制御できない「動物」の間に位置する**「中間的存在」**と考えます。そのため、「人間の理性は万能」だとするデカルトを「無用にして不確実なデカルト」といって批判しました。パスカルにとって、人間は**無限の宇宙を考えることができる理性的な存在**であるのと同時に、宇宙の中では**ひと茎の葦のように無力な存在**でした。つまり、人間は「理性的」と「無力」という**両義性**（相反するふたつの意味）をもつ存在だと考えたのです。そして、人間には限界があることを「人間は考える葦である」と表現したのです〔**図1**〕。

　またパスカルは、少数の原理から厳密に推論を重ねていくデカルトの考え方を**「幾何学の精神」**と呼び、これを過信すべきではないと訴えました。パスカルは、現実の世界には因果関係がはっきりしないことや、両義的なこと、矛盾すること、偶然のできごとなどが含まれているので、すべてを論理的に判断するのは無理だと考えます。そして、ときには**自分の直感を信じて判断することが大切**だと主張します。この考え方を**「繊細の精神」**と呼びました〔**図2**〕。

人間は偉大だが無力な存在

▶「人間は考える葦である」〔図1〕

パスカルは、人間の理性は宇宙を考えられるほど偉大だが、宇宙の中では最も弱い存在であることを自覚するべきだと主張した。

人間の理性は、宇宙全体を思考できるほど偉大。

人間は、宇宙の中では葦のように無力な存在。

人間は理性的だが無力という両義性をもつ存在!

▶「幾何学の精神」と「繊細の精神」〔図2〕

パスカルは、人間の考え方を「幾何学の精神」と「繊細の精神」に分けた。

幾何学の精神	繊細の精神
少数の原理から厳密に推論を重ねる合理的な考え方。	自分の直感を信じて判断する柔軟な考え方。
特徴	**特徴**
● 人間の理性は万能。	● 人間の理性には限界がある。
● 世界の因果関係は明確にある。	● 世界は矛盾や偶然に満ちている。
● 科学や数学に適する。	● 日常生活に適する。

近代初期の哲学 **2章**

24 モラル＝道徳じゃない？『モラリスト』の誕生

なるほど！ モラルは「人間の習慣や風習、性格」のこと。16世紀にモラリストが誕生した！

日本人だと、「モラル」というと「道徳」を意味すると思う人も多いかと思いますが、実は、フランス語では「人間の習慣や風習、性格」などを意味する言葉です。そして、**モラルを観察して生き方を追求する人々のことを「モラリスト」**といいます〔**図1**〕。

モラリストの代表が、16世紀のフランスに登場した**モンテーニュ**です。モンテーニュは、塔にこもって『エセー（随想録）』を執筆します。この本は、自分の意見や感想を短い文章で簡潔に記すエッセイ（随筆）という文学形式の出発点となりました。

当時のヨーロッパでは、ローマ・カトリック（旧教）とプロテスタント（新教）との間で、激しい宗教戦争が起きていました。その惨状を目にしたモンテーニュは、戦争の原因は、人間が思想や宗教に絶対的な価値を置き、正義を振りかざすことだと考え、理性や信仰に懐疑の目を向けました。そして、あらゆる思想を疑い、**「私は何を知りうるか（ク＝セ＝ジュ）？」**と常に自分に問いかけ、**「私は真理を探求中である」**という立場を貫きました。「人間は真理に到達できない」と理性の限界を自覚するモンテーニュは、**「独断」や「絶対視」を避けるように努めた**のです（**懐疑主義**）〔**図2**〕。そして、自分の人生を素直に受け入れる生き方を理想としました。

理性を疑い、独断を避ける

▶ モラリストの考え方〔図1〕

モラリストは、自分の頭の中だけで考えるのではなく、人間の生活や習慣を観察し、「人間とは何か？」を考えた。

どちらが野蛮か？

16世紀、アメリカ大陸の先住民には、人を食べる習慣があった。アメリカ大陸に侵攻したスペイン人は彼らを「野蛮」として虐殺した。

モンテーニュ

▶ モンテーニュの懐疑主義〔図2〕

モンテーニュは、思想や宗教を絶対視することが戦争の原因だと考え、理性に懐疑の目を向けた。

カトリック

プロテスタント

私たちが正しい！

私たちが正しい！

宗教戦争では、カトリックとプロテスタントという、同じキリスト教の信者たちが、宗教的な対立が原因で激しく戦い、多くの犠牲者が出た。これを見たモンテーニュは、自分の考えを絶対視することは危険だと考えた。

互いの正義がぶつかり、争いが起きる！

記憶が何者かにつくられていたとしたら?

「世界5分前仮説」

「過去と現在のつながりを、論理的に証明できるか?」という
因果関係を疑う思考実験です。

私が5分前に
つくりました

　あなたは街を歩いています。そこに、突然老人が近づいてきて、「あなたが住んでいるこの世界は、5分前につくられた世界なのですよ」と話しかけてきました。あなたは、「そんなはずがないでしょう。私は30分前に家を出たのですから」と答えます。しかし、老人は「その記憶も、5分前につくられたのですよ」といいます。

　あなたは老人にいい返したいのですが、5分より前の世界の存在を、あなたなら、どう説明しますか?

解説

　これは、イギリスの哲学者**ラッセル**（➡ P150）が、記憶と時間の関係性をあらわすために示した思考実験です。

　「世界は5分前につくられた」といわれても、誰もが5分より前の記憶をもっているので、「そんなはずはない」と思うでしょう。

　しかし、**「5分より前の記憶も、つくられたもの」といわれたら、論理的に否定することはできません。**例えば、あなたがゲームをしたいと思い、キャラクターの年齢や衣装などを設定して、スタートボタンを押したとします。このとき、あなたは「ゲームデザイナー」、キャラクターは「人間」という立場だといえます。キャラクター自身が、ゲームをはじめる前に存在したことは証明できないのです。

　ラッセルが「世界5分前仮説」を示したのは、「世界は5分前につくられた可能性がある」と伝えたかったわけではなく、**過去と現在は論理的につながっていない**ことを説明するためでした。「過去」は記録や記憶にすぎません。**「過去」そのものを物理的に「現在」に移して因果関係を確かめることはできない**のです〔**下図**〕。

過去と現在の関係　過去のできごとは、記憶の中にしか存在していない。

10分前

コーヒーおいしい

因果関係を証明できない

現在

カップが空だ

「コーヒーを飲んだ」のは記憶の中にしかない。

「コーヒーを飲んだ」という過去を現在に移して確かめられない。

近代初期の哲学 **2**章

25 今の世界が一番いい？ 『予定調和』と『最善観』

なるほど！ 世界は神によって**調和が保たれている**ので、この世界は**最善の世界**のはず！

　スピノザは「神＝自然」と主張しましたが、それでは、キリスト教の神は存在しなくなります。キリスト教の神の存在を認めたうえで、世界の成り立ちを考えたドイツの哲学者**ライプニッツ**は、世界は無数の実体「**モナド（単子）**」から成り立つと主張しました。

　モナドは**部分を含まない単純な実体**（最小の単位）で、霊的なものです。この世界のあらゆる物質・精神は、モナドが集まって構成されています。モナドにはひとつとして同じ形のものはなく、ほかのモナドと連絡を取り合うことはできないため、互いに独立しています。これをライプニッツは**「モナドには窓がない」**と表現します。そうすると、モナドはバラバラになってしまうはずですよね。ですが、現実に世界は調和の取れた姿で存在しています。これは、**モナドどうしが調和して働くように、神があらかじめ定めたため**だとライプニッツは説きます。これが**「予定調和」**です〔**図1**〕。

　予定調和説により、心と身体は「神によって調和が保たれている」ことになるため、心と身体をめぐる心身問題（➡P66）も解決されます。さらにライプニッツは、予定調和によって成立したこの世界は、無数あったはずの選択肢の中で神が選び抜いたものだから、最善の世界であるはずと主張しました（**最善観**）〔**図2**〕。

モナドを調和させる神

▶ モナドと「予定調和」〔図1〕

ライプニッツは、本来ならバラバラに存在するモナドを、神が調和するようにあらかじめ定めたため、世界が存在すると考えた。

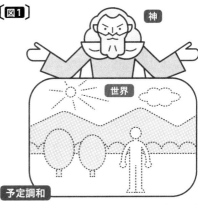

神

世界

予定調和

神の力によってモナドに調和が生まれ、世界が生まれる。この調和を、ライプニッツは、「ふたつの時計（心と身体）が正確に同じ時刻を刻むようにセットされている」という比喩で説明した。

モナドの特徴

- 部分を含まない単純な実体。
- 物質的ではなく霊的なもの。
- モナドどうしは関連しない。

本来、モナドはバラバラに存在するしかない

▶ ライプニッツの「最善観」〔図2〕

ライプニッツは、この世界は神が数ある選択肢の中から選んだ最善の世界であると主張した。

これこそが最善の世界

神

私たちの世界

最善観に対する批判

「多くの人命を奪う自然災害が起きているのに最善の世界といえるのか?」

ライプニッツの答え

神はより大きい善のために、悪が生じることを容認した。

「儒教」

国を治めるための、人としての生きる道

中国で古代から現代に至るまで、大きな影響を与えてきた
思想が「儒教」です。どういう思想でしょうか?

　　古代の中国は、小国家が乱立し、激しい抗争が続いていました。
国を治める諸侯たちは、国を富ませ、国を治める方法を求め、それ
を教える思想家たち**（諸子百家）**が数多く現れました。諸子百家の
うち、後世に最も影響を与えたのが、**「儒教」を説いた孔子**です。
　　紀元前6世紀、魯の国（現在の中国山東省）に生まれた孔子は、

刑罰や権力で国を治める**「法治主義」**を批判し、道徳や礼儀に基づく**「徳治主義」**で国を治めるべきだと主張しました。そして、人として生きるべき道を**「徳」**と呼び、為政者自らが徳を備えた**「君主」**となれば、人々は君主に感化され、正しく振る舞うようになると考えました。

孔子が基本と考えた徳は**「仁」**です。仁とは、人を愛する心のことで、家族の間に生まれる自然な親愛の情**（孝悌）**として示されます。孔子は、家族間の愛情である仁を、社会全般の人間関係に広めることを理想としたのです。そして、仁をもつには、**「克己」**（自分のわがままを抑えること）と、**「恕」**（相手の気持ちを思いやること）が必要だと説きます。具体的には**「自分がしてほしくないことは、相手にもしないこと」**だと語りました。

さらに孔子は、仁には、真心や誠実さを示す**「忠」**や、他人をだまさない**「信」**が必要だと説きます。そして、仁を実践するには、**「礼」**（礼儀作法）によって、相手を尊重していることを態度や言葉で表現することが必要だと教えました〔**下図**〕。

仁と礼の関係　孔子は、「私利私欲を克服して、礼儀作法に立ち戻ることが、仁である（克己復礼）」と説いた。

礼に従って相手を尊重する態度を取る

仁を有している

孔子は、形式だけの心がこもっていない礼を認めなかった。

26 人が知識を求める理由? 『知は力なり』とは

なるほど！ ベーコンの哲学。経験から得た知識によって、人のために自然をつくり変えるべきという考え！

　人は、何のために知識を身につけるのでしょうか？ **「知は力なり」**という言葉が、そのひとつの答えになるかもしれません。

　イギリスの哲学者**ベーコン**は、「人間が幸福になるためには、人間の生活を豊かにする必要がある」「そのためには、**自然をつくり変えなければならない**」と考えました。そして、人間が自然を征服するためには、経験や実験、観察から導き出された「知識」が必要だと説きます。この考え方が「知は力なり」と表現されます。

　ベーコンは、経験で正しい知識を得るためには、偏見や先入観などを取り除く必要があると考えました。ベーコンは、こうした偏見を**イドラ（偶像）と呼び、「種族」「洞窟」「市場」「劇場」**の４つのタイプに分けて考察しました〔**図1**〕。

　ベーコンは、イドラを排除して正しい知識を得る方法として、**「帰納法」**を重視しました。帰納法とは、観察（実験）によって得られたさまざまな事実から、共通する性質・傾向を取り出して、一般的な命題（真偽を問える内容）を導き出す方法です〔**図2**〕。

　経験から人は正しい知識を得ると考えたベーコンの考え方は、以後、イギリスにおいて、「経験に基づいて真理を探求するべき」という方向で発展しました。これを**「イギリス経験論」**といいます。

正しい知識は経験で得られる

▶ 正しい知識を妨害する「イドラ」〔図1〕

ベーコンは、人間が抱きやすい偏見や先入観を「イドラ」（偶像：アイドルの語源）と呼び、取り除くべきだと主張した。

❶ 種族のイドラ	❷ 洞窟のイドラ
人間という種族に共通して見られる、感覚による偏見。	個人の性格や教育などに由来する、狭い考え方による偏見。
例 目の錯覚、遠くの山を小さいと思いこむ。	例 親のいいつけで偏見をもつようになる。
❸ 市場のイドラ	❹ 劇場のイドラ
市場で人々が言葉を交わすことによって生じる偏見。	劇場の演劇を信じるような、権威を無批判に信じる偏見。
例 よく意味がわからないのに SDGs を語る。	例 専門家の意見を信じる。

▶ 帰納法〔図2〕

観察や実験によって得られた事実を集めて、一般論を導き出す方法。

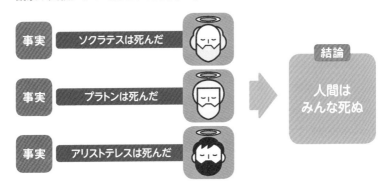

事実　ソクラテスは死んだ

事実　プラトンは死んだ

事実　アリストテレスは死んだ

結論

人間はみんな死ぬ

帰納法の問題点　事実が間違っていたり、少なかったりしたら、結論も間違える！

27 生まれたての心は 白紙の状態?

なるほど！ 生まれての人の心は、何も書かれていない 白紙の状態。そこに経験が書きこまれていく！

人にとって「経験」はどれほど重要なのでしょうか？ 大陸合理論の祖・デカルトは、人には生まれつき認識能力（生得観念）（➡ P68）が備わっていると主張しました。しかしイギリスの哲学者**ロック**は、イギリス経験論（➡P82）の立場から、生得観念に疑問をもちます。ロックは、生まれたばかりの赤ちゃんの心は**何も書かれていない白紙の状態（タブラ・ラサ）**だと考え、この紙に外部の世界から感じられたことや、心の作用として経験したことが、「経験」として書きこまれ、観念や知識になると説きました。**経験に基づかない意見を人間はもたない**と考え、生得観念を否定したのです。

ロックは、視覚や味覚などの感覚で得られた感覚データ**（単純観念）**を組み合わせることで、観念**（複合観念）**が形成されると考えました。例えば、味覚や視覚などの五感で得られる「甘い」「赤い」「丸い」など、さまざまな単純観念を組み合わせることで、「甘くて赤くて丸いのがリンゴだ」という複合観念を得られると考えたのです〔**図1**〕。また、ロックは、物質の性質を、形や大きさ、数など、物そのものがもっている**「一次性質」**と、匂いや味、色など、人間の五感によって得られる**「二次性質」**に分け、一次性質を物質の本質と考えました〔**図2**〕。

経験を重ねると観念が増えていく

▶「単純観念」と「複合観念」〔図1〕

ロックは、単純観念を組み合わせると複合観念が成立すると主張した。

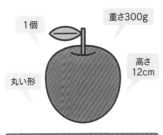

単純観念

甘い　硬い　赤い　いい香り　丸い

人間の感覚（経験）で得られる印象。

複合観念

甘くて、赤くて、丸くて、硬くて、いい香り、だからリンゴだ

単純観念が組み合わされた観念。

▶「一次性質」と「二次性質」〔図2〕

ロックは、物質の性質を一次性質と二次性質に分けて考察した。

一次性質

形、大きさ、数など、数学的・物理的で、物そのものに備わっている性質。

1個　重さ300g　高さ12cm　丸い形

物そのものがもっている

二次性質

匂い、味、色、音など、人間の感覚によって初めて生じる性質。

いい香り　赤い　甘い　シャリシャリ音がする

人間の五感によって得られる

近代初期の哲学　**2**章

28 自分に見えない世界は存在していない?

バークリーは、**経験できない世界**は存在せず、**人に知覚されたもの**だけが存在すると考えた!

　イギリス経験論を徹底させたのが、アイルランド出身の哲学者**バークリー**です。バークリーは、ロックの「一次性質」「二次性質」の区別（➡P84）を否定しました。物そのものがもっていると思える長さや重さなども、結局は人間の五感で理解されるものなので、「物そのもの」「感覚による」という区別はできないと主張したのです。「思考するためには、何かの存在を知覚する必要がある」と考えたバークリーは、物そのものなど、知覚できない世界は存在しないと考えました。これをバークリーは、**「存在するとは、知覚されることである」**と表現しました。例えば、リンゴが存在するには、精神がリンゴを**知覚**（五感で認識）する必要があります。リンゴを知覚する前に、リンゴが存在したということはできません。リンゴは物質的に意識から独立して存在しているのではなく、「存在する」と知覚した人間の意識の中にあるだけなのです〔**図1**〕。

　バークリーは、自分が知覚していなくても、誰かが知覚していれば、その人の意識の中で物質は存在すると主張しました。では、誰も見ていなければ、物質は存在しないのでしょうか？　バークリーは、**「神が常に知覚しているので存在する」**と主張し、**「知覚できない神の存在」**を証明してみせたのです〔**図2**〕。

知覚されないと、存在できない

▶ 知覚と存在の関係〔図1〕

バークリーは、物質は知覚から独立して存在することはないと考えた。

知覚された状態

皿の上に置かれたリンゴが見える。

リンゴだ

リンゴが存在する！

知覚されない状態

箱の中のリンゴに気づいていない。

箱だ

リンゴは存在していない…

▶ 神による知覚〔図2〕

バークリーは、知覚されない物質は存在しないことになるが、神はすべてを知覚しているので、すべては心の中の観念として存在していると説いた。

神

人間が知覚する世界　　　　　　人間が知覚していない世界

人間が知覚する世界も、知覚していない世界も、神はすべて知覚している！

29 確実に存在するのは 『知覚の束』だけ?

なるほど! ヒュームは**客観世界**や**自我**、因果関係を否定し、**知覚できるもの**だけが存在すると考えた!

　イギリス経験論 (➡P82) を極限まで突きつめたのが、スコットランドの哲学者**ヒューム**です。ロックやバークリーは客観的な世界が存在するかどうかで意見の違いはありましたが、五感を働かせる「私」という実体は存在するという前提は同じでした。しかし、ヒュームは、物質的な世界が存在しないだけでなく、知覚する「私」という実体も存在せず、**自我は知覚が集まった束につけた名前にすぎない**と主張します。ヒュームはこれを**「自我とは知覚の束である」**と表現しました〔**図1**〕。

　また、ヒュームは、経験がもたらす**因果関係を根底から疑いました（懐疑論）**。ヒュームはビリヤードをたとえに使って懐疑論を説明しました。手球をキュー（棒）で突いて前方の球に当てたとき、前方の球は前に弾き出されます。手球をキューで突くという「原因」と、前方の球が弾き出されるという「結果」は明らかに思えます。しかし、懐疑論をもとに考えると、前方の球が弾き出されたのは経験上そうなると思いこんでいるだけで、前方の球が別の動きをしたとしても、そこに矛盾はありません〔**図2**〕。

　ヒュームは、**経験や実験をもとに理論を構築する自然科学の弱点を指摘**したのです。

自我 は 知覚の集合体

▶「自我とは知覚の束」〔図1〕

自我を知覚の集まりだとするヒュームの考え方は、自我を実体だと考えるデカルトの考え方と対極のものである。

デカルトの考える自我

我思う、ゆえに我あり

自我は存在し、その本質は思考

ヒュームの考える自我

おいしい
うれしい
いい香り
満腹
赤い
硬い

自我は存在せず、知覚の束である!

▶ 因果関係を疑う「懐疑論」〔図2〕

もしビリヤードで、キューで手球を突いて前方の球が弾き出されたとしても、因果関係そのものを観察することはできない。

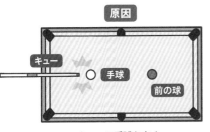

原因

キュー
手球
前の球

キューで手球を突く。

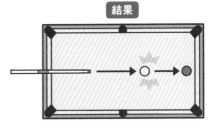

結果

前方の球が弾き出される。

ヒュームの指摘 もし1万回、同じ結果になったとしても、1万1回目に同じ結果になるとは限らない!

白黒の部屋から出ると…？
「メアリーの部屋」

「知覚する内容は、すべて物理学によって知ることができる？」
という、知識と知覚の関係を問う思考実験です。

　メアリーは、生まれたときから白と黒の色しかない部屋で生活し
ています。白黒の部屋から外に出たことがなく、白黒以外の色を見
たことがありません。しかしメアリーは、白黒テレビや本などを通
じて、「空が青い」や「リンゴが赤い」など、色に関する物理的な
情報を完璧に知っています。あるとき、メアリーは白黒の部屋の外
に出て、本だけで知っていた色を初めて実際に目にします。このと
きメアリーは、色に関して新しい知識を得るでしょうか？

解説

これは、**「物理主義」**に反論するために、オーストラリアの哲学者**ジャクソン**が提唱した思考実験です。

物理主義とは、20世紀に登場した哲学上の立場で、**「物質だけでなく、価値や心など、あらゆることを物理的に説明できる」**という考えです。心身二元論（⇒P66）とは対極の考え方といえます。

部屋を出たメアリーが、実際の色を見ても何も学ばなかったとしたら、物理主義は正しいことになります。しかし、「わぁ！ 空って、こんな感じで青いんだ！」と、新しい知識を得られたなら、「知覚しなければ、得られない知識がある」ことになります。**この知覚による主観的な「感じ」のことを「クオリア」**といいます。「赤って、強烈な感じ」とか「青って、さわやかな感じ」といった感覚のことです。感覚を正しく伝えることが困難であることは、「カブトムシの箱」（⇒P52）でも明らかにされています。**クオリアは物理学で説明できないので、物理主義は間違っている**ことになるのです。

しかし、「クオリアの物理での扱いは可能だ」とする反論もあり、現在に至るまで、明確な結論は出されていません。

クオリアをめぐる考え方の違い

クオリアを得る	クオリアを得ない
白黒の部屋の外へ出たメアリーは、本からの情報だけでは知り得なかった感覚を得る。	色に関するすべての情報を学んでいれば、メアリーはクオリアも知識として獲得できる。

30 国家権力があるから 人は平和に暮らせる?

なるほど! ホッブスやロックは、**国家権力が必要な理由**を、国民の**平和や暮らしを守るため**だと考えた!

　近代のヨーロッパでは、絶対的な権力をもつ国王たちは、「王権は、神から授けられたもの」という **「王権神授説」** を主張していました。これに対し、イギリスの哲学者**ホッブス**は、「国家は、人民が相互に結んだ契約（同意）によって成立する」と主張します。

　ホッブスは、国家権力がない「自然状態」では、人々は勝手に行動して互いに争い合う **「万人のための万人に対する戦い」** になると考えます。これを避けるためには、人々が「争いをやめて、互いの自由を制限する」という契約を結び合う必要があり、この契約を守らせるためには、**犯罪者を罰する強い権力が必要**だとしました。ホッブスは、この強大な権力（国家）を『旧約聖書』に登場する怪獣**リヴァイアサン**にたとえました〔**図1**〕。

　これに対し、**ロック**（➡P84）は、国家の主権は「国王」ではなく「国民（人民）」にあるべきだと主張します **（国民主権）**。ロックは、犯罪者を罰する権限は国民が国家に託すものの、国家が国民の権利を奪うようなことをすれば、国家を倒すことができ **（抵抗権）**、国民の権利を守る新しい国家を樹立できると唱えました **（革命権）**〔**図2**〕。また、選挙で選ばれた代表者が政治を行う **「議会制民主主義」** によって、国家を運営するべきだと主張しました。

哲学者が考える理想の国家像

▶強大な権力「リヴァイアサン」〔図1〕

ホッブスは、国家権力を怪獣リヴァイアサンにたとえ、国民の自己保存に必要な存在だと考えた。

国家は強い権力をもち、契約を守る人々を守り、契約を破った人を処罰する。国民は国家に従う。

リヴァイアサン（国家権力）

処罰

国家に従う

契約

契約を破った人

契約を守る人

▶ロックが主張した「国民主権」〔図2〕

ロックは、国民と国家は契約（社会契約）を結び、国民は犯罪者を処罰する権利を国家に託し、国家はそれに応えるべきだと考えた。

国家が契約を守る場合

国家

信頼して権力を託す

犯罪者を罰して平和を守る

国民

国家が契約を破った場合

国家　新国家

国家と戦って倒す

新しい国家を樹立する

国民

31 みんなで話し合うと幸福な社会になる?

 善意に基づく幸福な社会を実現するには、すべての人が**直接政治に関わるべき**!

　人が幸せに暮らすには、どんな国家権力が理想的でしょうか?

　ホッブスは、国家権力がない自然状態（➡P92）では人々は争い続けると考えましたが、フランスの哲学者**ルソー**は、自然状態では人々の心は善意に満ち、他人と助け合いながら平和に暮らしていたと考えます。しかし、土地の私有権を主張する者が現れ、私有財産の考えが広まると、富を求めて争いが起こり、ねたみや憎しみなどの悪意が生まれたのだと説きました。文明社会を批判し、自然状態を理想としたルソーは、人が生まれながらにもっている善意に基づく社会を築くべきだと考え、**「自然に帰れ」**と表現しました〔**図1**〕。

　自然状態を取り戻そうと考えたルソーは、**社会全体の幸福を目指す「一般意志」**を重視しました。一般意志とは、個人の利益を優先する**「特殊意志」**や、特殊意志の総和である**「全体意志」**とは違って、公共の利益を追求するもので、善意に基づく社会を築くには、一般意志に基づいた法をつくるべきだと考えたのです。

　さらにルソーは、一般意志を政治に反映するには**すべての人々が自分の意志を表明する必要がある**として、選挙で代表者を選ぶ「代議制」を批判し、**「直接民主制」**を唱えました〔**図2**〕。こうしたルソーの思想は、1789年のフランス革命に大きな影響を与えました。

直接民主制が理想の制度

▶ ルソーの「自然に帰れ」〔図1〕

ルソーは、土地の私有によって貧富の差や悪意が生まれたと考え、善意に満ちた自然状態に戻るべきだと主張した。

自然状態

人々は「あわれみの情」をもち、助け合いながら平和に暮らしていた。

私有の開始

土地の私有によって貧富の差や争いが生まれ、社会に悪意が満ちた。

▶ 直接民主制と間接民主制〔図2〕

ルソーは、共通の利益を目指す一般意志に基づく政治は、直接民主制では実現できるが、間接民主制（代議制）では実現できないと考えた。

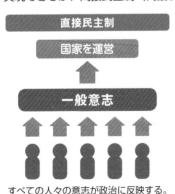

すべての人々の意志が政治に反映する。

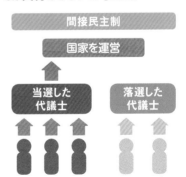

落選した代議士に投票した人々の意志は政治に反映されない。

095

「老荘思想」
理想の生き方は、自然との一体化

老子や荘子などの道家（どうか）は、「道（タオ）」の思想を基礎に、ありのま
ま生きることを理想としました。

　　自然は、あるがままに万物を生み出し、育てます。道家の祖・**老
子**は、このような**自然の神秘的な働きを「道」**と呼びました。「道」
そのものは言葉で説明できないので、**「無」（無名）（むめい）**と呼ばれます。
万物は、無から生まれ、無に帰ります。この運動が永遠にくり返さ
れるのが世界であり、絶対的なものは存在しない。そのため、人間

がつくり出した道徳や文化に執着するのは無意味だと説き、世界に働きかけることをやめて、自然と調和して生きる**「無為自然」**こそが、理想の生き方だと主張したのです。

　老子の考えを受け継いだ**荘子**は、**万物は本来、無差別で斉しい世界（万物斉同）**であり、人間が生み出した現実は見せかけにすぎないと説きました〔**下図**〕。そのため、世俗的な価値観を捨てて自由になり、**自然と一体になって遊ぶ境地（逍遙遊）**に達することこそが理想の生き方だと主張します。そして、この理想を実現した人を**「真人」**と呼びました。

　自然との一体化を説いた老子と荘子の思想は、**「老荘思想」**と呼ばれます。彼らの教えは、中国古来の呪術的な民間信仰と結びつき、**「道教」**を生み出しました。不老不死の仙人になることを目指す道教は、儒教や仏教なども取り入れて発展し、現在でも台湾や東南アジアの中国人の間で根強く信仰されています。

| 胡蝶の夢 | 荘子は、夢の中で胡蝶（蝶のこと）として飛んでいたが、目が覚めたとき、「自分が蝶になった夢を見ていたのか」それとも「夢で見た蝶が本当の自分で、今の自分は蝶が見ている夢なのか」わからなくなったという。この話は、「現実は見せかけである」という荘子の思想を的確に示すエピソードとして知られている。 |

自分が蝶になった夢　　　　**今の自分は蝶の夢**

現実と夢は区別できない

近代初期の哲学 **2**章

「我思う、ゆえに我あり」で知られる近代哲学の父

ルネ・デカルト

（1596 – 1650）

　「近代哲学の父」といわれるデカルトは、フランス高等法院の法服貴族（17～18世紀のフランスの官僚貴族）の子として生まれ、イエズス会の学校でスコラ哲学を学びました。成績は優秀でしたが、幼い頃から体が弱かったデカルトは、学校の寮での個室と「朝寝坊していい権利」を与えられ、午前中は本を読みふけっていたそうです。卒業後、「世界という書物を読む」と決意したデカルトは、旅に出た後、オランダ軍に入り、軍の中で数学や物理学を研究しました。23歳のとき、三十年戦争（ドイツで起きた宗教戦争）の勃発を知ると、ドイツに向かい、軍隊に入りました。その年の10月、思索にふけっているとき、哲学をすることを「神から与えられた使命」だと感じたといいます。

　その後、オランダに移住したデカルトは、地動説を含む理論によって世界の誕生を解き明かした『世界論』を執筆しましたが、同時期にガリレイが地動説によって異端審問所から有罪の宣告を受けたことを知ると、刊行を断念しました。しかし、その後は、『方法序説』や『省察』、『哲学原理』などを刊行し、人間がもつ理性を探求し続け、「大陸合理論」を提唱することになったのです。

　53歳のとき、スウェーデンの女王クリスティーナから招待を受けてストックホルムへ向かいましたが、滞在約5か月で、かぜをこじらせて肺炎になり、亡くなりました。

3章

自由や
幸福について
考えた?

近代後期の哲学

近代に入ると、カントなどの哲学者は
「自由」について考えるようになります。
ニーチェが考えた「実存」や、
ベンサムやミルの求めた「幸福」など、
近年でも重視される考え方について解説していきます。

近代後期の哲学

ざっくりわかる！

カントが近代哲学の扉を開き、「ドイツ観念論」が誕生。その後、本当の自分の存在を求める「実存主義」のほか、立法や経済の観点から「功利主義」や「社会主義」が生まれました。

近代後期哲学のテーマ

"自由""実存""幸福"

自由の実現や、個人の生き方、幸福の追求などが考えられた。

「ドイツ観念論」の考え方

理性の声に従うことで、人は本能や欲望から自由になれる！

カント ➡ P102
（1724〜1804）

カントは、「大陸合理論」と「イギリス経験論」の対立を、統合する形で乗り越えようとした。

理性
大陸合理論

＋ 統合

経験
イギリス経験論

完成

人々が、お互いの人格を認め合う状態が「自由」だ！

ヘーゲル ➡ P110
（1770〜1831）

その後、ドイツでは現実を構成する観念（認識）に価値を置く「ドイツ観念論」が発展し、「絶対精神」を唱えたヘーゲルによって完成された。

絶対精神
自由の実現を目指し、歴史を進歩させる精神

自分の存在を確かめる「実存主義」

客観的な真理とは関係なく、現実の自分の存在（実存）を求める生き方を「実存主義」という。キルケゴールとニーチェが先駆者。

私にとって、真理であるような真理を求めるべきだ

キルケゴール ➡ P118
（1813〜1855）

世界が無意味で無目的なものでも、自分の運命を愛そう

ニーチェ ➡ P134
（1844〜1900）

近代ヨーロッパの「功利主義」と「社会主義」

資本主義が進んだ近代ヨーロッパで、ベンサムやミルは善悪の基準を、快楽と苦痛という"功利性"に求める「功利主義」を主張。一方で、マルクスは自由で平等な社会のためには、生産手段のすべてを社会全体で共有することが必要だとする「社会主義」を主張した。

より多くの人に、より多くの幸福をもたらすべき！

ベンサム ➡ P126
（1748〜1832）

質の高い精神的な快楽を追求するべき！

ミル ➡ P128
（1806〜1873）

労働から喜びが失われた！社会主義革命は必ず起こる

マルクス ➡ P130
（1818〜1883）

近代後期の哲学 **3**章

32 『コペルニクス的転回』で何が大きく変わったの?

なるほど! カントが、「認識」についてのそれまでの常識を大きくくつがえした!

　大きな変革があると「**コペルニクス的転回**が起きた」などといわれることがありますよね。これは、ドイツの哲学者**カント**が、従来の「認識」に関する考え方に大きな変革を起こしたときに使った言葉です。カントは、**「認識が対象に従うのではなく、対象が認識に従う」**と主張しました〔**図1**〕。どういうことなのでしょうか?

　物事を認識するとき、「理性」だけを働かせたとしたら、現実離れした考えにしかなりません。また、「感覚」をいくら積み重ねても、ふんわりとした印象ばかりが増えて話が通じなくなります。

　カントは**「人間(主観)には生まれつき、対象から色や形などのデータを得る能力(感性)と、そのデータを整理する能力(悟性)が備わっている」**と考えます。そして、悟性がデータを整理・秩序づけすることで、知的な認識が可能になるのだと主張しました。

　例えば、初めて焼き魚を見た人がいたとします。しかし、この感性データだけでは「食べられるかどうか」は、わかりません。そのとき、「食材を焼けば料理になる」という**因果関係**を知っていれば、「魚を焼けば料理になる」と認識できる、ということです〔**図2**〕。悟性には**思考の枠組み(カテゴリー)**が12種類あり、これはその基本的な枠組みのひとつ「**原因・結果**」による考え方です。

認識 と 対象 の関係が逆転する

▶ コペルニクス的転回 〔図1〕

カントは、「対象が認識に従う」という新しい哲学的思考を、地動説を唱えたコペルニクスにたとえて、「コペルニクス的転回」と呼んだ。

従来の考え方

丸い　いい香り

赤い

果物

対象

対象は表象によって認識される。

カントの考え方

赤くて丸くて
いい香りがする果物
はリンゴだ

対象

対象は主観によって認識される。

▶ カントによる認識システム 〔図2〕

感性は「サングラス」にたとえて考えられる。「サングラス」がなければ、対象の情報を集めることはできない。

感性で得た表象
これは焼いた魚だ

悟性（カテゴリー）
原因 食材を焼く
結果 料理になる

認識
これは魚を
焼いた料理だ

人間が認識できるのはサングラス（感性）を通した世界だけ。サングラスを取って感性を失えば、真実の世界（物自体）は認識できない。

感性
対象に
関する情報を
集める

焼き魚（対象）

※悟性（カテゴリー）には「原因・結果」以外に、「可能性」「全体性」などがある。

33 見えないものは、哲学すべきじゃない?

なるほど! 神や宇宙などの話は「二律背反」になるので、カントは哲学と切り分けるべきと主張!

「神は存在する?」「宇宙は有限? 無限?」「世界はどこまで分割できる?」…など、古来、哲学者たちは、こうした形而上学(➡ P36)のテーマを考え続けてきました。

しかし、カントは、実際に見たり聞いたりできない＝感性でとらえられないテーマは、**人間の認識能力である「理性」が誤作動を起こしてずれてしまう「仮象」におちいる**ので、考えるべきでないと主張しました。その理由は、こうした形而上学のテーマは、「正しい」ことも「間違っている」ことも、**理論的に同時に証明できてしまう**からだといいます。

「宇宙のはじまり」を例にとると、「宇宙にはじまりはない」と考えた場合、はじまりのないものは存在できないので、現実に存在している宇宙は「存在しないこと」になります。これに対し、「宇宙にはじまりはある」と考えた場合、宇宙がはじまる前の「無」の状態を説明できません。つまり、「宇宙にはじまりはない」「宇宙にはじまりはある」という正反対の主張が同時に成立してしまうのです。

カントは、**このような議論を「二律背反」(アンチノミー)と呼んで批判**し、神や無限などに関するテーマは「信仰」の問題にするべきだと主張したのです〔**右図**〕。

▶ カントが示した二律背反

カントは著書『純粋理性批判』において、4つの二律背反を示し、正反対の主張が論理的に成り立つことを証明した。

1 世界の空間的・時間的はじまり

世界にはじまりがある

証明 「世界にはじまりがない」としてみよ。

➡ 現在までの各時点までに永遠の時間があったことになるが、それは永遠性と矛盾する。

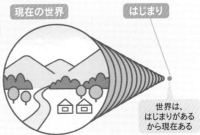

現在の世界 / はじまり

世界は、はじまりがあるから現在ある

世界にはじまりがない

証明 「世界にはじまりがある」としてみよ。

➡ はじまりの前には何もなかった時間があったことになるが、そこでは何も生じえない。

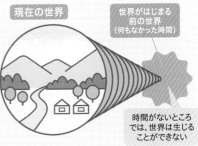

現在の世界 / 世界がはじまる前の世界（何もなかった時間）

時間がないところでは、世界は生じることができない

2 世界の最小単位

世界は分割不可能な単純なもの（最小単位）から成り立っているか？ それとも、単純なものから成り立っていないか？

3 自由の問題

世界に、原因と結果という法則の外にある自由な存在があるか、ないか？

4 必然的なものの存在

絶対的に必然的なものは存在するか？ 世界の内にも外にも必然的なものは存在しないか？

34 道徳心って、 どこから生まれてくる?

カントは、**心の中**から呼びかけてくる 「**実践理性**」の声から道徳は生まれると考えた!

カントより前の哲学者たちは、人間の道徳心は神から授かったも のだと考えてきました。しかしカントは、**人間は「理性」によって 「道徳法則」をつくることができる**のだと考えました。

人間には本能や欲望がありますが、本能や欲望に支配された状態 をカントは「不自由」だと考えます。でも、例えば、「盗みたい」と いった欲望にかられても、実際に物を盗む人はあまりいませんよね。 その理由をカントは、心の中から「盗むべきでない」という良心の 声が呼びかけるからだと説きます。この良心の声は**理性（実践理性）** の声であり、「〜すべき」という義務の命令形で呼びかけてくると いいます。カントは、理性の命令を「**仮言命法**」と「**定言命法**」の ２種類に分けて考えました。仮言命法は、目的を実現するための「手 段」を命じ、定言命法は無条件に「〜すべき」と命じます。カント は、**定言命法が道徳法則**なのだと主張しました〔**図1**〕。

また、カントは、「あなたの格律（ポリシー）が、自分だけでなく すべての人に当てはまる普遍的な法則になるように行動せよ」と訴 えました〔**図2**〕。つまり、理性が求めてくる義務を果たし、普遍的 な道徳法則に従うときに、**人は本能や欲望から自由になれる**と考え たのです。

「〜すべき」という理性の声

▶「仮言命法」と「定言命法」〔図1〕

例えば、「やさしくせよ」という道徳判断でも、ある
目的への手段であれば、仮言命法にすぎない。

仮言命法

「女性に気に入られたい」という目的があれ
ば、やさしくしても道徳法則ではない。

定言命法

無条件で他人を尊重するとき、「や
さしくせよ」は道徳法則になる。

▶格律と道徳法則の一致〔図2〕

カントは、個人的な格律（ポリシー）と道徳法則を一致させることで、道
徳判断は完成すると考えた。

一致してない人

格律
1日
10時間以上
働くべき

格律
出世を
目標に
するべき

格律がそれぞれ個人的なものなので、普
遍的な法則にならない。

一致している人

格律
＝
道徳法則

お互いの
権利・財産を
尊重しよう

個人的な格律が、普遍的な法則になっている。

35 カントに対する批判？
『ドイツ観念論』

なるほど! ドイツで生まれた思想で、
人の活動には統一の原理があると考えた！

「認識」のとらえ方について、革命的な考えをカントは示しましたが、批判的な考えも生まれました。それが「ドイツ観念論」です。ドイツ観念論は、**「人の活動の統一原理はあるはず」**と考える思想で、ドイツの哲学者の**フィヒテ**と**シェリング**を経て、**ヘーゲル**（➡P110）が完成させました。

　フィヒテは、「現実世界のすべてをつくり出しているのは、自我だ」と主張しました。フィヒテは、事実と自分の行動が同じになることを**「事行」**という概念でとらえます。そして、この**事行が世界を生み出す**と考えたのです。例えば、ある人が「教師」になったとして（事実）、その人が実際に教師としての仕事を行うときに（行動）、世界が生まれる…といった具合です〔**図1**〕。このようにして広がった自我が、現実世界をつくっていると、フィヒテは考えたのです。

　これに対してシェリングは、スピノザの汎神論（➡P70）の影響を受けて、**「精神」（自我）と「自然」（非我）は同じもの**で、この世界のあらゆる物事を包みこむ**絶対的同一者**が存在するのだと説きました〔**図2**〕。シェリングは観念的な哲学を否定し、現実の存在（実存）を重視するべきだと主張しました。このシェリングの思想は、実存主義（➡P118）の先駆けとされています。

カントを批判的に継承した<u>ドイツ観念論</u>

▶ フィヒテが唱えた「事行」〔図1〕

フィヒテは事実と行動が同一となった「事行」において、自我と非我が生まれると説いた。

「教師」の例では、自分が教師だという事実は、実際に教師の仕事をするという行動と同時に生み出される。ちなみに、実際に教師になると新たな問題点（非我）に気づき、それを解決しようと努力することで、教師という認識は広がり、複雑化していくことになる。

▶ 「精神」と「自然」の違い〔図2〕

シェリングは、「精神」と「自然」は、絶対的同一者が違ったあらわれ方をしていると考え、すべては精神要素と自然要素から成り立っていると主張した。

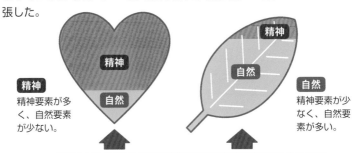

精神
精神要素が多く、自然要素が少ない。

自然
精神要素が少なく、自然要素が多い。

絶対的同一者（精神と自然の両方の要素をもつ）

36 お互いに認め合うことが本当の『自由』?

カントは、本能から逃れることを「自由」だと主張しましたが、これにドイツの哲学者**ヘーゲル**が異議を唱えました。

ヘーゲルは本能的な欲望を否定せず、**欲望の良し悪しは自分で判断するべき**だと説きました。例えば、「仕事をさぼりたい」と思ったとします。これが単に怠けたいのであればダメですが、「この仕事は自分に向いていない」と自覚して、本当に好きな仕事に転職すればよいことですよね。さらに、新しい同僚とも、互いを認め合うような人間関係を築けるようになります。ヘーゲルは、このように**人々がお互いの人格を認め合う「相互承認」の状態が「自由」なのだと考えました**〔**図1**〕。

また、ヘーゲルは、すべての人々の自由を実現するためには、貧富の格差などの不平等を解消する社会制度が必要だと考えました。ヘーゲルは、人間は**自由の実現を目指す「絶対精神」によって動かされている**といいます。絶対精神は神のような最高原理で、無数の個人の精神に分かれ、人間の意識に宿ります。この精神が宿った人間は、自由な人々を増やすために活動し、その積み重ねが「歴史」になるというのです〔**図2**〕。「世界は進歩を続ける」という世界観は進化論と共通点が多く、後の世に大きな影響を与えました。

自由を求める過程が「歴史」になる

▶「相互承認」による「自由」〔図1〕

ヘーゲルは欲望を抑えた状態が「自由」ではなく、人々がお互いを認め合う状態が「自由」だと考えた。

「料理人になりたい」と願う人が料理店に就職し、けんめいに修業すると、志を同じくする仲間と認め合う関係になる。

▶「絶対精神」に動かされる歴史〔図2〕

自由を目指す絶対精神は、その時代の人々を動かして自由を実現していく。

古代の王	古代ローマの貴族制	共和制
専制君主だけの自由	少数の人々だけの自由	多くの人々の自由

「絶対精神」が歴史を動かしていく！

111

近代後期の哲学 **3**章

37 『弁証法』って どういうもの?

> **なるほど!**
>
> 意見「テーゼ」と反対意見「アンチテーゼ」を統合して、新しい意見「ジンテーゼ」をつくる!

　ヘーゲルは「統一的な原理は存在する」と主張しました。ですが例えば、誰かがある主張をしたとき、反対意見は出るものです。その反対意見を切り捨ててしまえば、統一的な原理は成立しないということになってしまいます。

　そこでヘーゲルは、反対意見を取り入れるために**「弁証法」**を提唱しました。弁証法とは、ある意見**「テーゼ」（正）**が生まれたとき、それと対立・矛盾する意見**「アンチテーゼ」（反）**が出てくるものの、お互いの意見のよい部分を残して新しい意見をつくれば、新しい次元の意見**「ジンテーゼ」（合）**がつくれるという考えです。つまり、**対立する意見を生かしつつ、より全体的・統一的な意見をつくり出せる**ということです。ヘーゲルは、このような意見の総合・統一を**「アウフヘーベン」（止揚）**と呼びました〔**図1**〕。

　ヘーゲルは、弁証法によって社会の矛盾は解決されていくと説きました。内面的な「道徳」をテーゼ、客観的な「法」をアンチテーゼとし、両者がアウフヘーベンされたとき、「人倫」という共同体が生まれると説明したのです〔**図2**〕。そして、弁証法を重ねて、それが極まった最終段階に、**人倫の理想形である「国家」が誕生**し、この国家こそが絶対精神の最終目標だと主張しました。

弁証法で高みを目指す

▶ 弁証法の考え方 〔図1〕

弁証法とは、対立するふたつの主張を統合し、新しい見解を生み出すこと。

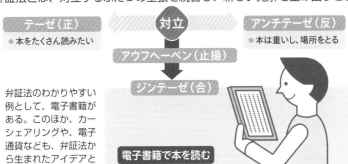

テーゼ（正）	対立	アンチテーゼ（反）
● 本をたくさん読みたい		● 本は重いし、場所をとる

アウフヘーベン（止揚）

↓

ジンテーゼ（合）

弁証法のわかりやすい例として、電子書籍がある。このほか、カーシェアリングや、電子通貨なども、弁証法から生まれたアイデアといえる。

電子書籍で本を読む

▶ 道徳と法を統合した「人倫」 〔図2〕

ヘーゲルは、道徳と法が矛盾なく統合された共同体を「人倫」と呼び、最終的に「国家」に発展すると説いた。

テーゼ（道徳）	対立	アンチテーゼ（法）
● 主観的、内面的 ● 個人によって道徳観が違う		● 客観的、外面的 ● 個人の道徳観に合わない法もある

アウフヘーベン

↓

ジンテーゼ（人倫）

法で道徳を具体化することで、個人と全体の自由が実現する

38 死ぬまで苦悩が続く… 『ペシミズム』って何?

なるほど! 人の盲目的な欲望には際限がなく、
そのために苦しみが死ぬまで続くという考え!

　ヘーゲルは、人間は自由に向かって進歩を続けると説きました。しかし、現実には人間は欲望の塊であり、暴力や犯罪なども起こします。ドイツの哲学者**ショーペンハウアー**は、このような不合理な衝動を「意志」と呼び、この世界は**「生への盲目的意志」**で成り立っていると主張しました。ここでいう盲目的意志とは、「存在を維持したい」という際限のない欲望のこと。合理的な目的や意味はなく、人間はすべて盲目的意志に支配されているといいます。

　ショーペンハウアーは、**この世界は目的や意味がない「苦」であると断定します**。人は、死にます。そのため、生きたいという欲望が満たされることはなく、苦しみは死ぬまで続く…。この思想を**「ペシミズム」（厭世主義）**といいます〔**図1**〕。ショーペンハウアーは、苦悩をなぐさめるには芸術が役立つといい、特に音楽が最も効果的だと説きましたが、それも一時的なものにすぎないとされます。

　ショーペンハウアーは、人間が苦悩から解放されるためには、盲目的意志を否定するしかないと考えました。それには、他人の苦しみを自分と共有する**「共苦」によって自らの意志を否定するか、禁欲によって仏教の涅槃（→P41）の境地に達する**しか方法はないと主張しました〔**図2**〕。

世界には「苦」しかない?

▶ ペシミズム〔図1〕

この世界は、生存したいという「生への盲目的意志」で成り立っている。そのため、いずれ死ぬ運命である人間は、満たされることなく、苦しみが続く。

どれだけ富や名声を得ても、人間は必ず死ぬ運命なので、「生きたい」という欲望を満たすことができない。

▶ 苦しみから逃れる方法〔図2〕

ショーペンハウアーは、人生の苦悩から解放されるには、「共苦」と「禁欲」しかないと説いた。

共苦

他人の苦しみを共有することで、自らの「意志」を否定する。

禁欲

仏教的な禁欲によって、「意志」から解放される。

「性善説・性悪説」

孔子の教えを受け継ぐ孟子と荀子の思想

「仁」（親愛の情）や「礼」（礼儀）を重んじた孔子の儒教は、
性善説と性悪説とに分かれて発展していきます。

まぁ
まぁ

孔子（➡P80）が開いた**儒教**を受け継いだのは、**孟子**でした。孟
子は、**人は本来、「善」に向かう心をもっている**と考えました（**性
善説**）〔**図1**〕。人間には生まれつき、他人の不幸を見過ごせない心
（**惻隠の心**）や、自分・他人の悪い行いを恥じる心（**羞悪の心**）、他
人を敬い譲る心（**辞譲の心**）、善悪を見分ける心（**是非の心**）が備わ

っていると主張しました。そして、この４つを「**四端の心**」と呼び、**四端（四徳の端緒）を育てることで、「仁」「義（正義）」「礼」「智（道徳的な判断力）」の「四徳」を実現できる**と説きました。

四徳が身につくと、どのような局面にあっても屈しない、公明正大で力強い精神（**浩然の気**）がみなぎってくるとされます。こうした人物を孟子は「**大丈夫**」と呼び、理想的な人物像としました。

孟子の性善説に対し、**荀子**は、人間は本来、利益をめぐって争う性質をもつと考えました（**性悪説**）〔**図2**〕。そのため、社会秩序を維持するには、社会規範となる「礼」によって悪い性質を矯正する必要があると主張しました。荀子の思想は弟子の**韓非子**に受け継がれ、法律や刑罰により秩序の安定を目指す**「法治主義」**を生み出します。この思想は、中国を最初に統一した始皇帝に採用されました。

孟子の性善説 図1

孟子は、「幼児が井戸に落ちそうになったのを見たら、誰でも助けようとするはず。つまり、人には生まれつき善い心がある」と主張した。

荀子の性悪説 図2

荀子は、「人は生まれながらにして利益を好み、欲望がある。このため、人は争い、音楽や美女を好み、秩序が失われる」と主張した。

39 「自分だけ違う考え」。これって間違い？

 キルケゴールの「実存主義」によると、そういった「主体的真理」こそが重要！

　哲学では、「善」や「自由」などの普遍的な価値が探求されてきました。ではもし、自分以外の世界中の人々が「善」だと考えたことを自分が「悪」だと感じたら、それは間違いなのでしょうか？

　デンマークの哲学者**キルケゴール**は、客観的な真理ではなく、**「私にとって真理であるような真理」（主体的真理）**を求めるべきだと主張しました〔**図1**〕。例えば、どれだけ世間との認識が違っても、「自分が真実だと感じたことは事実であるはずだ」という考え方です。このように、個別的・具体的な形をとった、真実の自分の存在を「実存」といいます。そして、**実存を求める生き方を「実存主義」**といいます。

　人間は人生において、常に「あれか、これか」という選択に迫られます。このとき、不安や苦悩で絶望してしまったりもします。ですが、キルケゴールは、**絶望を乗り越えて自分の意志で決断することで、実存に到達できる**と説きました。

　キルケゴールは実存の諸段階として、欲望のままに生きる**「美的実存」**から、社会で義務を果たす**「倫理的実存」**を経て、神の前にただひとりで立つ**「宗教的実存」**に到達すると考えます。そして、宗教的実存を究極的な実存だと考えました**（実存の三段階）**〔**図2**〕。

「みんな」ではなく「自分」が重要

▶ 客観的真理と主観的真理〔図1〕

キルケゴールは、実存に達するためには、主観的真理を探求するべきだと考えた。

客観的真理

例
勉強をがんばる

➡

一般的に価値がある！

主観的真理

例 日本一周の旅に出る

➡

自分にとって
価値がある！

▶ 実存の三段階〔図2〕

真実の実存に到達するためには、3つの段階があるという考え方。

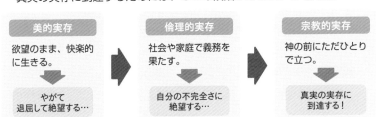

美的実存

欲望のまま、快楽的に生きる。

⬇

やがて
退屈して絶望する…

倫理的実存

社会や家庭で義務を果たす。

⬇

自分の不完全さに
絶望する…

宗教的実存

神の前にただひとりで立つ。

⬇

真実の実存に
到達する！

40 人は『無意識』に支配されている？

フロイトは、人は理性による意識ではなく、無意識に支配されていると考えた！

デカルト以降の哲学者は、人間の意識（自我）は理性によってコントロールされ、意識が自分の行動をすべて決定していると考えてきました。しかし、「どうしてそんなことをしたのか、自分でもわからない…」といった経験は、誰にでもありますよね？　オーストリアの精神科医**フロイト**は、神経症を研究する過程で、**「人間の行動は無意識に支配されている」**と考えるようになりました。

フロイトは、心を**「意識」「前意識（努力すれば意識できる層）」「無意識（意識できない層）」**の３層に分けて考え、さらに心には**「エス（イド）」「自我（エゴ）」「超自我（スーパーエゴ）」**の３つの要素があると考えました〔**図1**〕。

フロイトは、幼い男の子は、母親に性的な愛情を抱き、父親に嫉妬して敵対心を抱くといいます。しかし、この欲望は道徳的に禁忌とされ、抑えつけられます（**エディプス・コンプレックス**）〔**図2**〕。このような無意識に秘められた欲望は、ふだんは超自我（理性）によってコントロールされています。さらに、**神や文明、国家なども、無意識の欲望を抑圧する装置**として働きます。しかし、衝動をコントロールできなくなると、自己を守る防衛反応として、神経症のような症状が出るとフロイトは考えたのです。

▶「エス」「自我」「超自我」の構造〔図1〕

原始的な衝動である「エス」は、「自我」や「超自我」で抑制されている。

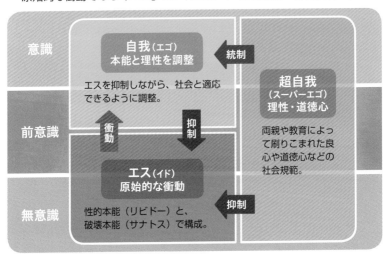

| 意識 | **自我**（エゴ）**本能と理性を調整** ←統制 |
| | エスを抑制しながら、社会と適応できるように調整。 |

超自我（スーパーエゴ）**理性・道徳心**

両親や教育によって刷りこまれた良心や道徳心などの社会規範。

前意識　衝動　抑制

エス（イド）**原始的な衝動**

無意識　性的本能（リビドー）と、破壊本能（サナトス）で構成。　抑制

▶エディプス・コンプレックス〔図2〕

幼い男の子が母親に対して性的本能（リビドー）を抱き、父親に敵対心をもつ無意識の感情。

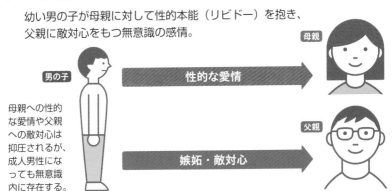

母親

男の子

性的な愛情

母親への性的な愛情や父親への敵対心は抑圧されるが、成人男性になっても無意識内に存在する。

父親

嫉妬・敵対心

どこまでが「オリジナル」といえる?
「テセウスの船」

物を構成する部品が全部入れ替わったとき、入れ替わる前と「同じ」といえるかを問う思考実験です。

　古代ギリシアに、テセウス（ギリシア神話の英雄）が乗ったという船が保管されていました。テセウスの船の保管者は、船の形状を保つため、年月の経過によって老朽化して傷んだ部品が見つかると、新しい部品に交換してきました。こうして、部品の入れ替えがくり返されることによって、いつのまにかテセウスの船には元の部品がひとつもなくなり、すべて新しい部品になってしまいました。

　果たして、この船は、「テセウスの船」といえるのでしょうか?

解説

　この思考実験は、古代ギリシアの歴史家**プルタルコス**が報告した**「テセウスの船」**と呼ばれる思考実験で、**アイデンティティ（同一性）を問うもの**です。プルタルコスは、「交換された古い部品を集めて新しい船をつくったら、それはテセウスの船といえるのか？」という疑問も投げかけています。**ヘラクレイトス**（➡ P20）の「同じ川に２度入ることはできない」という言葉には、「川の水は絶えず流れているので、同一性はない」という意味がこめられています。

　同一性が問題になるような例は、身近に数多く見られます。伊勢神宮（三重県）の神殿は20年に１度、新しく建て替えられます。結成時のメンバーが１人もいないアイドルグループもあります。さらに人間の体のほとんどの細胞は、約４年で入れ替わるそうです。

　この問題に正解はありませんが、同一性は**「質的」「数的」というふたつの概念**に分けて考えることができます。この場合、テセウスの船は質的には同一ですが、数的には同一でないといえます〔**下図**〕。

質的には同一である	数的には同一でない

部品が入れ替わっても、「テセウスの船」という性質には変わりがないので、同一だと考えられる。

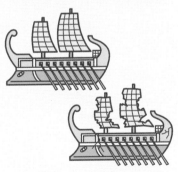

古い部品で、もう一隻の「テセウスの船」がつくれるというのであれば、船は２隻になり、同一とはいえない。

41 経済は放っとくのが吉？『（神の）見えざる手』

なるほど！ 自由な市場に任せておけば、需要と供給のバランスは最適になり社会全体の富が増える！

18世紀後半、イギリスで起きた産業革命によって、資本主義経済が確立されていきました。経済や社会の大きな変化を、哲学者たちはどのように考えたのでしょう？

『諸国民の富（国富論）』を書いた、イギリスの経済学者で哲学者の**アダム・スミス**は、**個人が自由に利益を追求する経済活動は、「（神の）見えざる手」に導かれて、社会全体の利益につながる**と説きました。もし、企業が利益を得ようとして製品を大量につくっても、その商品を必要とする消費者がいなければ、自然と売れなくなり、市場から排除されていきます。また、商品の価格についても、高すぎれば値引きされ、安すぎると値上がりするので、自然と適正な価格に落ち着くというのです〔**図1**〕。

スミスは、「社会全体の富を増やすには、できるだけ自由な市場に任せるべき」と考え、政府が経済に介入するのを控えるべきだと主張しました**（自由放任主義）**。しかし同時に、自由な競争は、公平な立場の第三者（観察者）に「公正だ」と共感を得られる範囲のものでなければなりません。自由競争社会を実現するには、「フェアプレイ（公正な勝負）」の精神が必要で、そのためには、**誰もが「公正な観察者」の視点を内面にもつべき**だと考えたのです〔**図2**〕。

▶「(神の)見えざる手」とは〔図1〕

自由な市場に任せていれば、需要量（消費者が買いたい量）と供給量（企業が売りたい量）は一致して、適正な価格が決まる。

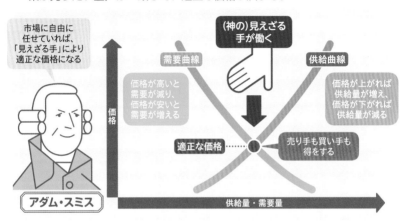

市場に自由に任せていれば、「見えざる手」により適正価格になる

アダム・スミス

（神の）見えざる手が働く

需要曲線

価格が高いと需要が減り、価格が安いと需要が増える

供給曲線

価格が上がれば供給量が増え、価格が下がれば供給量が減る

価格

適正な価格

売り手も買い手も得をする

供給量・需要量

▶「フェアプレイ」の精神〔図2〕

スミスは、自由競争社会を実現するには、誰もが心の中に「公平な観察者」の視点をもち、フェアプレイをすることが必要だと説いた。

例えば、「商品を買い占めて値段をつり上げよう」と考えたとき、内面から「フェアではない」という声が聞こえたら、そうした行為はしなくなる。

公平な観察者

でも… 買い占めはフェアじゃないよな

42 幸せは計算できる？『最大多数の最大幸福』

「快楽計算」で個人の幸福の量を計算して、多くの個人が幸福になれば社会も幸福になる！

「最大多数の最大幸福」。なんとなく聞いたことのある人もいると思いますが、どんな意味の言葉なのでしょうか？

18世紀後半、資本主義が発達したイギリスで、経済学者で哲学者の**ベンサム**は個人と社会の幸福のあり方を考察。**人間には誰でも快楽（幸福）を求め、苦痛（不幸）を避ける本性がある**と考え、快楽を多くもたらす行為が「善」で、苦痛を多くもたらす行為が「悪」だと考えました。このように、善悪の基準を「幸福の実現に役に立つかどうか」という功利性に求める立場を**「功利主義」**といいます。

ベンサムは、快楽は「量」を測ることができると主張。**「強さ・持続性・確実性・遠近性・多産性・純粋性・範囲」**の7つの基準によって計算する「快楽計算」を提案しました〔**図1**〕。社会は個人の集合体なので、より多くの個人に、より多くの幸福をもたらすことで、社会全体も幸福になると説いたのです。ベンサムは、この考えを**「最大多数の最大幸福」**と表現しました。

この考えを基準にしたベンサムは、政治や法律は、社会を構成する個人の幸福量を最大にするために実行・応用するべきだと主張します。それをじゃまする利己的な人に対しては、**制裁（サンクション）**を加えて行動を規制するべきだと説きました〔**図2**〕。

快楽を最大にするのが政治

▶「快楽計算」の考え方〔図1〕

ベンサムは、快楽の量を、強さや持続性だけでなく、純粋性（苦痛が伴わない）や範囲（関係する人の多さ）など、さまざまな観点から計算するべきとしたが、そのための数式は示されていない。

快楽計算の考え方 ※簡略化した説明。

暴飲暴食

強 さ	50
持続性	10
純粋性	10
範 囲	10
総 量	80

瞬間的な快楽は大きいが、胃腸をこわしたり、いっしょに楽しめる人も少ないので、快楽の総量は小さい。

仲間と音楽を演奏

強 さ	30
持続性	30
純粋性	40
範 囲	30
総 量	130

快楽は大きくないが、苦痛も少なく、長い時間、仲間といっしょに楽しめるので、快楽の総量は大きい。

▶4種類の制裁〔図2〕

ベンサムは「最大多数の最大幸福」を実現するには、利己的な人間に対し、4種類の制裁が必要だと考えた。

1 自然的制裁
例 不摂生で自分の健康を損なう。

2 法律的制裁
例 罪を犯した人に刑罰を与える。

3 道徳的制裁
例 自分勝手な人が社会から嫌われる。

4 宗教的制裁
例 「神の罰が下されるのでは」と恐れる。

43 『満足した豚』よりも、『不満足な人間』がいい?

なるほど! 快楽には**精神的なもの**と**感覚的なもの**がある。
真の幸福のためには、精神的快楽を目指すべき!

　ベンサムの功利主義を受け継いだイギリスの経済学者・哲学者の**ミル**は、快楽には精神的なものと、感覚的なものがあると考えました。そして、精神的な快楽を重視します。そのことをミルは、**「満足した豚よりも、不満足な人間の方がいい。満足した愚か者よりも、不満足なソクラテスの方がいい」**と表現しました。

　ミルは、すべての人には**「尊厳の感覚」**が備わっているので、感覚的な快楽よりも質の高い、精神的な快楽を追求するべきだと主張。快楽の質的な差を認める功利主義（ → P126）は、**「質的功利主義」**と呼ばれます〔**図1**〕。

　ミルは、質的に高い快楽を得るには、他人や社会の役に立とうとする**「献身」**が必要だと考えます。そして、「人にしてもらいたいと思うことを人にもしなさい」というイエスの教え（キリスト教の黄金律）に、質的功利主義の理想があると説きました。

　さらにミルは、個人の内面の自由を尊重し、他人に迷惑をかけない限り何をしても自由であるべきと考えます。これを**「他者危害原則」**といいます。そのため、数がものをいう民主主義において、多数派が少数派を抑圧する**「多数派の専制」**を害悪のひとつとして警戒していたのです〔**図2**〕。

快楽には質的な差がある

▶ 快楽の質的な違い〔図1〕

ミルは、快楽の量は同じであっても、精神的な快楽の方が質的に高いと主張した。

質の低い快楽

物欲や食欲、性欲などの感覚的な快楽。

質の高い快楽

献身や社会的貢献などの精神的な快楽。

▶ 多数派の専制〔図2〕

ミルは、民主主義において、多数派が少数派を無視する危険性を問題視した。

賛成！

賛成！

賛成！

多数派の意見が常に正しいとは限らない。多数派が少数派を抑圧するのは、専制君主が民衆を抑圧するのと同じことだとミルは主張した。

反対…

多数派の専制は、少数派の自由を奪う

44 働くのが苦痛なのは資本家たちのせい?

なるほど! 資本家が工場や材料などを独占するから、労働から喜びが失われてしまう!

功利主義は、資本主義の中で、個人が自由に快楽（幸福）を求め、財産を所有する権利を認めました。これに対して、ドイツの経済学者で哲学者の**マルクス**は、自由で平等な社会を築くためには、資本主義を乗り越える必要があると主張しました。

マルクスは、**人間の本性は「労働」をすること**であり、人間は労働を通じて他人と社会的に連帯する**「類的存在」**だと考えました。そして、本来の労働は物を生産して得るだけでなく、喜びや生きがい、達成感を得ることができるものだと説いたのです。

ところが、資本主義の社会では、工場や土地、原料などの「生産手段」を資本家（ブルジョアジー）が私有しているため、**労働者（プロレタリアート）の労働は、資本を生み出すためだけの手段となり、人間本来の労働による自己実現から疎遠なものとなった**のです。このように、つくったものが資本家のものになり、労働の意味が失われて人間本来の生き方から遠ざけられてしまう現象を、マルクスは、**「（労働の）疎外」**と呼びました〔**図1**〕。

マルクスは、労働の疎外を克服するには、生産手段の私有（私有財産制度）をなくし、生産手段のすべてを社会全体で共有するべきだと主張しました。この考え方を**「社会主義」**といいます〔**図2**〕。

「社会主義」の誕生

▶ (労働の)疎外 〔図1〕

マルクスは、資本主義の社会では、労働者が生産物から遠ざけられてしまい、労働から生産の喜びが失われると主張した。

本来の労働	労働の疎外

生産物が自分のものになり、労働の喜びがある。

生産物が資本家のものになり、労働は苦痛になる。

▶ 資本主義と社会主義 〔図2〕

マルクスは、疎外の原因となっている「生産手段」を社会全体で共有することで、人間性を回復できると考えた。

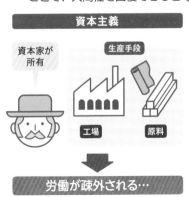

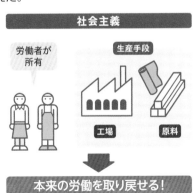

45 マルクスの『唯物史観』。どんな思想?

なるほど! 物質的な「下部構造」と、精神的な「上部構造」で歴史をとらえる思想!

有名な『資本論』などを記したマルクス。彼は、歴史を動かすものは物質だという**「唯物論」**、それをもとに歴史を観る**「唯物史観」**を唱えていました。どういった思想だったのでしょうか?

人間の生産する力(生産力)は、労働力と生産手段(道具、原料など)から成り立ちます。そして時代ごとに、生産手段を所有する者(領主・資本家など)と、生産手段を所有しない者(小作人・労働者)の間に社会的な関係**(生産関係)**が結ばれます。そして、生産関係を土台とする物質的な**「下部構造」**によって、それに応じた政治制度や宗教・芸術・学問・文化などの精神的な**「上部構造」**がつくられるとマルクスはいいます〔**図1**〕。つまり、物質的なものが、精神的なものを形成するという主張ですね。このように、**歴史を生産力と生産関係でとらえる考え方が「唯物史観」**です。

生産力は生産手段が発達すると増えますが、領主・資本家などは小作人・労働者などを従来どおり働かせたいので、両者の間に矛盾が生じます。これを解決するため、人類の歴史では常に**「階級闘争」**が起こり、そのたびに新しい生産関係が結ばれます。マルクスは、**矛盾が拡大している資本主義はいつか倒され、社会主義による生産関係が結ばれることが、歴史的な必然だと主張**したのです〔**図2**〕。

人類の歴史は「階級闘争」

▶「上部構造」と「下部構造」〔図1〕

マルクスは、各時代の社会について、物質的な下部構造により、精神的な上部構造が形成されるのだと考えた。

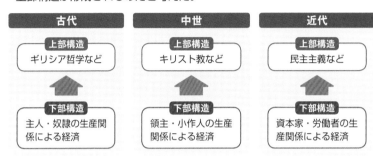

古代	中世	近代
上部構造 ギリシア哲学など	**上部構造** キリスト教など	**上部構造** 民主主義など
⬆	⬆	⬆
下部構造 主人・奴隷の生産関係による経済	**下部構造** 領主・小作人の生産関係による経済	**下部構造** 資本家・労働者の生産関係による経済

▶階級闘争による社会主義革命〔図2〕

マルクスは、資本家・労働者の間で生産関係の矛盾が拡大すると、必然的に社会主義革命が起こると唱えた。

このまま労働者を働かせてもうけたい

資本家にこき使われるのはもう嫌だ!

生産関係の矛盾

資本家　労働者

階級闘争（資本家階級 vs 労働者階級）に発展

社会主義革命（プロレタリア革命）の発生

近代後期の哲学　**3**章

46 神を信じない？ 哲学者『ニーチェ』の登場

なるほど！ ニーチェは、**キリスト教**は**弱者が強者を恨む感情**から生まれた「**奴隷道徳**」だと主張！

　キルケゴールと並んで実存主義（➡P118）の先駆者になったのが、ドイツの哲学者**ニーチェ**です。両者の決定的な違いは、キルケゴールが神を信じたのに対し、ニーチェは神を信じなかったことです。

　ニーチェは、19世紀のヨーロッパは**ニヒリズム（虚無主義）**におちいっていると考えました。この時期、産業革命によって文明は進歩したものの、貧富の差は拡大し、大気汚染などの都市問題も起きていました。こうした中でキリスト教の価値観や権威は失われ、人々は生きる目的を失っているとニーチェは主張しました〔**図1**〕。

　ニーチェは、人々がニヒリズムにおちいった原因は、**キリスト教の道徳が弱者を甘やかしている**からだと考えました。キリスト教では神の前ではすべての人が平等で、禁欲的で従順な者が神に救われるとされます。ニーチェは、このようなキリスト教の道徳は、現実社会を生きのびる力のない弱者が、自分の弱さを正当化して、強者をねたんで復讐しようとする**ルサンチマン（怨恨）**が生み出したと主張。これを「**奴隷道徳**」だと呼んで批判しました〔**図2**〕。

　ニーチェは、奴隷道徳がはびこることによって、本来の人間に備わっている**「創造的に力強く生きたい」という意志（力への意志）**が否定されているのだと主張しました。

▶ ニヒリズムとは〔図1〕

19世紀のヨーロッパでは、キリスト教が急速に影響力を失い、従来の価値観が否定されるようになった。

従来の価値観

神の前では人はすべて平等で、禁欲的に生きるべき。

ニヒリズムの考え

神を信仰しても、それぞれの力は肯定されない。

▶ キリスト教を生んだルサンチマン〔図2〕

ニーチェは、キリスト教は、弱者が強者に復讐したいというルサンチマン（怨恨）から生まれたと主張した。

弱者は強者に対し、「欲望は悪」とか「隣人を愛すべき」といった道徳を持ち出し、「自分は救われる」と信じることで、精神的に優位に立とうとする。

弱者 現実社会を生きのびる力がない。

強者 創造的に主体的に生きようとする。

近代後期の哲学 **3**章

世界に意味はない？
『神は死んだ』の意味

ニーチェは、**神がいない世界**を認めたうえで、
人生を肯定する「**超人**」になるべきと主張！

　ニヒリズムが広まり人間が堕落していく中で、人々が生きていくためにニーチェはまず、**「神は死んだ」**という事実を認めるべきだと主張しました。

　キリスト教の歴史観は、最初（天地創造）と終末（最後の審判）があるという直線的なものです。しかし、神が死ぬとなると、歴史には最初と終末がなくなり、ぐるぐると回る**「円環運動」**になります。ニーチェは、この世界のすべては意味も目的もなく、同じことが永遠にくり返される**「永劫回帰」**だと考え、これを肯定することを最重要の課題だととらえます〔**図1**〕。

　たとえ、世界が無意味で無目的なものであっても、ニーチェは「これが人生か、さればもう一度」と、**自分の人生を肯定し、自分の運命を愛することが重要だと主張しました（運命愛）**。そして、運命愛の立場に立って、「力への意志」（➡P134）を体現し、新しい価値をつくり出せる人間を**「超人」**と呼びました〔**図2**〕。

　神の死んだニヒリズムの時代、超人がつくり出す新しい価値は、従来の道徳や価値観にとらわれている人々には理解されません。しかし、ニーチェは、**超人こそが真に自由な存在**であり、超人の主体的な生き方を目指すべきだと主張したのです。

▶ 永劫回帰とは〔図1〕

キリスト教の歴史観では、最初と終末があるが、神が死んだと考えたニーチェの歴史観は、永遠と同じことをくり返す永劫回帰となる。

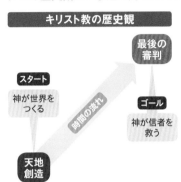

キリスト教の歴史観

スタート
神が世界をつくる

最後の審判

ゴール
神が信者を救う

天地創造

時間の流れ

キリスト教の信者には、最後の審判で救われるという目的がある。

永劫回帰

時間の流れ

未来

過去

現在

歴史に目的や意味はなく、同じことをくり返す円環運動にすぎない。

▶ 永劫回帰を乗り越える「超人」〔図2〕

永劫回帰の時間では、従来の価値観は意味をもたなくなり、自分で新しく価値観をつくれる超人のような存在が必要になる。

新しい芸術をつくる！

神が死ぬ前の人間は、「神に救われる」ことが目的だったが、神が死んだ後は、自分で生きる目的を創造する超人の生き方をするべき。

近代後期の哲学 3章

48 アメリカの哲学は 役立つ＝真理？

なるほど！ 開拓時代のアメリカでは、実際の生活に 役立つこと＝真理と考える思想が広まった！

　ヨーロッパだけでなく、アメリカでも哲学的な思想は生まれました。ただ、大きな大陸を新たに開拓していった時代のアメリカ人にとっては、観念的な議論ではなく、実際の生活に役立つ考え方が求められました。そのため、**「プラグマティズム」（実用主義）** という考え方が広まります。プラグマティズムの特徴は**唯一絶対の真理を認めず、真理が実践により変化することを認めた**ことにあります。

　プラグマティズムを最初に唱えた哲学者**パース**は、**言葉の意味（観念や概念）は、行動（実践）によって生まれる結果によって決まる**と主張します。例えば、「熱い」という観念の意味は、いくら頭の中で考えても理解できるものではなく、実際にさわって「熱い」と感じた実践がなければ確かめられない、ということです。

　パースの考えを受け継いだ哲学者**ジェームズ**は、行為の善悪などは「役に立つかどうか」という基準で決定されると考え、**「有用であれば真理」** だと主張しました（真理の有用性）〔**図１**〕。

　また、哲学者**デューイ**は「ヨーロッパの伝統的な哲学では、現実の問題を解決できない」と考えます。そして、「知性」は未来を見通し、困難を突破できるように行動を導く「道具」だと考え、**知性を道具として使うことに意味がある**と説きました（道具主義）〔**図２**〕。

「役に立つかどうか」が真理の基準

▶ ジェームズの「真理の有用性」〔図1〕

ジェームズは、普遍的な真理ではなく、個人にとって役に立つのなら、それは真理だと主張した。

宗教を信じている人にとって、宗教は真理

宗教を信じていない人にとって、宗教は真理でない

神が存在するかどうか、といった観念的な議論は意味がなく、神を信じて人生が豊かになる人がいるなら、その人にとって神の存在は真理となると考える。

宗教の価値は有用性で決まる!

▶ デューイの「道具主義」〔図2〕

デューイは、問題を解決する道具としての知性を「創造的知性」と呼び、試行錯誤をくり返すことによって進歩していくと主張した。

デューイが提唱した試行錯誤のプロセス

1 生活上の要求 ▶ **2** 問題の設定 ▶ **3** 仮説の形成 ▶ **4** 推論 ▶ **5** 行動（仮説のテスト）

結果を検証し、問題が解決するまでくり返す!

49 『進化論』に対抗する 生命進化の理論がある?

なるほど! ベルクソンは、人間は「**生命の跳躍**」という力によって**進化した**と考えた!

現代では通説として知られる**ダーウィンの「進化論」**ですが、発表された19世紀中頃には、否定的な意見が多く出ました。というのも、「世界は神が創造した!」「生物の種は神が創造したので不変!」という**キリスト教の世界観に相反するもの**だったからです。

ダーウィンの進化論では、生物のそれぞれの種は、すべて共通の祖先から枝分かれして進化してきたとされ、進化のメカニズムは、より環境に適応した種が生き残るという**「自然選択」**だとされます。この考えは、自然を機械的に振る舞う存在としてとらえる**「機械論的自然観」**に基づくものでした。フランスの哲学者**ベルクソン**は進化論を認めつつも、機械論的自然観では生命進化のすべてを説明できないと主張し、「生命は、無目的なまま多方向に展開する跳躍力によって進化する」と考えました。そして、この進化への力を**「生命の跳躍」**(エラン・ヴィタール)と呼びました〔**図1**〕。

ベルクソンは、人間が自然法則を「機械の運動」のように考え、道具を使って自然を操作したため、環境破壊のような問題が起きてしまったと説きます。しかし、人間の進化の過程で人類愛を説くイエスのような道徳的偉人が現れ、人々がその人物を模範とすることで、**「開かれた社会」**が実現されていくようになると主張しました〔**図2**〕。

哲学者の考える「進化」

▶ 跳躍力による進化〔図1〕

ベルクソンは、生命の運動は、それまでの「機械論的自然観」や、「目的論的自然観」だけでは理解できないと主張した。

機械論的自然観

自然を精巧な機械のような存在としてとらえる自然観。

例 ダーウィンの進化論

目的論的自然観

自然はある目的によって変化・発展するという自然観。

例 アリストテレスの四原因説（➡P34）

生命の跳躍

生命は、無目的に複数の流れに枝分かれする運動で、この運動を推進する力が「生命の跳躍」という考え方。

▶「開かれた社会」〔図2〕

ベルクソンは、「閉じた社会」はほかの集団を敵視するが、「開かれた社会」では誰も排除されず、人類愛に満ちると唱えた。

閉じた社会

自分の集団の利益を優先し、それ以外を敵視する。

道徳的偉人の出現

開かれた社会

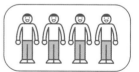

集団の利害を超え、全人類・全自然を受け入れる。

「墨子の思想」

愛を説いて戦争を否定する

古代中国で、侵略戦争を否定したのが墨子です。墨子の思想は、どのような内容だったのでしょう?

墨子は、戦乱が続く古代中国の春秋・戦国時代に生まれました。墨子は、儒教の説く**「仁」**（愛）は、「孝悌」（家族間の愛情）や「恕」（思いやり）などに区別され、血縁関係など親しい者だけに限定する差別的な愛（**別愛**）だと批判しました。墨子はこれらの考えに対して、**どのような者をも区別なく平等に愛することが重要**だと説きました。

これを**「兼愛」**といいます。

墨子は、国や身分に関係なく平和的に交易し、お互いに利益を与え合う関係を築くことで兼愛になると主張しました**（兼愛交利）**。また、ぜいたくを禁止し、節約することを重視**（節用）**。このため、儒家が「礼」を重視し、盛大な葬儀を行うことを「民の負担になる」と批判し、節度ある葬儀**（節葬）**を行うべきだと説きました。

墨子は、兼愛の立場から侵略戦争を否定する**「非攻」**を訴えました。戦争になれば人々は苦しみ、町は破壊され、国の財産も失われます。墨子は、侵略を企てる指導者のもとに出向いて、戦争の無益さを訴え、侵略をあきらめるように説得したといわれます〔**下図**〕。

また、墨子は防御専門の部隊を組織し、侵略を受けた国の防御に参加しました。墨子の部隊は、厳しい規律のもと、最新の武器を備え、勇敢に戦いました。墨子のように、兼愛や非攻、節葬などを説く一派を**「墨家」**といいます。

「墨守」の故事

楚の王が、技術者・公輸盤の開発した新兵器で、宋を攻めようとしたとき、墨子は楚に向かい、楚の王に「侵略をやめてほしい」と訴え、公輸盤と模擬攻城戦を行った。公輸盤がことごとく敗れたのを見た楚の王は、宋への攻撃をあきらめた。この故事から、頑固に守り通すことを意味する「墨守」という言葉が生まれた。

墨子は帯を解いて城壁をつくり、木片を建物に見立てて模擬戦を行った。

批判哲学を提唱し、理性の限界を指摘

イマヌエル・カント

（1724 – 1804）

ケーニヒスベルク（現在のロシアの都市カリーニングラード）に生まれたカントは、父の死により学費が続かなくなって大学を中退。家庭教師などをしながら生計を立て、46歳のときにケーニヒスベルク大学の教授に就任しました。

57歳のとき、『純粋理性批判』を出版。哲学でいう「批判」とは、学説や対象を根本的に吟味して限界を明らかにすること。カントは理性を深く考え直すことで、大陸合理論とイギリス経験論を乗り越え、「感性（経験）でとらえられないテーマは認識できない」と指摘し、「理性には限界がある」と主張したのです。この認識論における変革を、カントは、「コペルニクス的転回」（ P102）と呼びました。『純粋理性批判』は、その後に出版された『実践理性批判』と『判断力批判』と合わせて「三批判書」と呼ばれています。

カントは、生涯のほとんどをケーニヒスベルクで過ごし、規則正しい生活を送りました。毎日決まった時間に起き、午後3時30分には、必ず散歩に出かけました。あまりの正確さに、町の人々は散歩するカントを見て時計を合わせたといいます。カントは生涯独身でしたが、「ひとりで食事をすることは、哲学者にとって不健康」と考え、毎夕、知人や友人を招いて会食をしました。会食の席では、カントはユーモアに富んだ会話を好みましたが、哲学や学問の話は厳禁だったそうです。

4章

最近は
どんなことを
考えてる?

現代の哲学

近代哲学は、「心」を中心に発展しましたが、
現代哲学は、それを批判的に乗り越えていきます。
「言語」「実存」「構造」「差異」といった、
現代の哲学の新しいテーマや
キーワードについて紹介していきます。

現代の哲学

現代の哲学者たちは、何を考えてきたのでしょうか？ 激動の時代の中で
生まれた哲学の流れを、ざっくり見てみましょう。

現代
哲学の
テーマ

"言語" "構造" "差異"

基本的には、近代哲学を批判的に乗り越える形で発展した。

言語論的転回が起こる

近代哲学は、「心」を中心として発展してきたが、「言語」を中心に考える新しい哲学が生まれた。

客観的な
世界の事実を
写し取ることが
言語の本質！

ヴィトゲンシュタイン
（1889~1951）➡ P152

言語
によって
世界観は
変化する！

ソシュール
（1857~1913）➡ P188

実存主義の重視

人間が現実に存在する「実存」を重視した哲学が増えた。

人間は死を
意識することで、
本来の自分を
取り戻せる！

ハイデガー
（1889~1976）
➡ P168

人間はまず存在し、
その後、
本質が決まる！

サルトル
（1905~1980）
➡ P176

構造主義の考え方

人間の意識は完全に自由ではなく、無意識的に形成された構造やシステムによって規定されるという考え方。

文明社会でも未開社会でも、共通するルールが存在する！

レヴィ・ストロース
(1908〜2009) ➡ P190

人々は、無意識的に自分を社会のルールに合わせている！

フーコー
(1926〜1984) ➡ P192

ポストモダンの誕生

普遍的な価値を目指す近代（モダン）哲学に対して、他者との違い（差異）に注目し、近代哲学を否定する哲学が生まれた。

人類共通の価値を目指す「大きな物語」の時代は終わった！

リオタール
(1924〜1998)
➡ P202

「善／悪」などの二項対立的な思考はやめるべき！

デリダ
(1930〜2004)
➡ P196

中心をもたないネットワーク型の思考法を目指すべき！

ドゥルーズ
(1925〜1995)
➡ P198

現代の哲学 **4**章

50 私的な心とは違って『言語』は公共的?

 なるほど! 心や精神は**私的**で他人には窺い知れないので、公共的な言語を対象とする哲学が誕生した!

現代よりも前の近代の哲学では、**心や精神**といったものを基軸に哲学が展開されていました。ですが、それらは**私的なもので、感じ方や心の中の思考などを周りの人が窺い知ることはできません**。

例えば、リンゴを見た人が頭の中に、「リンゴ」を思い描いたとします。けれども、人によって「赤い」だとか、「甘酸っぱい」であるとか、印象やイメージが大きく違っているはずです〔**図1**〕。このように、心の中の思考やイメージは私的なものなので、お互いに共通の理解が得られているか、はっきりしないのです。

ドイツの哲学者で数学者でもあった**フレーゲ**は、心や精神といった私的なものではなく、公共的な言語を対象にして、その意味とは何であるのかを分析していきました。そのためには、**「指示」**と**「意味」**とを区別する必要があると考えました。例えば、「明けの明星」と「宵の明星」という言葉があります。どちらも同じ天体の金星を指していますが、意味は異なります〔**図2**〕。

こうしたフレーゲの考え方から、「言語」を哲学の考察対象として考える**「分析哲学」**が誕生しました。心や精神から、言語に関心が移っていった哲学上での大きな変化のことは、**「言語論的転回」**と呼ばれています。

言語が哲学の問題となる

▶ イメージの違いによる理解の違い 〔図1〕

同じリンゴを見たとしても、異なる人の心の中では、印象や理解が大きく違ってくる。

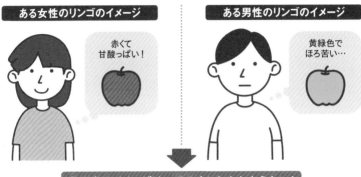

ある女性のリンゴのイメージ

赤くて甘酸っぱい！

ある男性のリンゴのイメージ

黄緑色でほろ苦い…

心の中のイメージは、その人にしかわからない！

▶ 「指示」と「意味」 〔図2〕

フレーゲは、「指示」と「意味」の違いを、「明けの明星」と「宵の明星」で説明した。

明けの明星

日の出前、東の空に輝いて見える金星。

宵の明星

日没後、西の空に輝いて見える金星。

どちらの言葉も、金星を指すので指示（指している対象）は同じだが、意味（言葉であらわされる概念）は違う！

51 床屋と村人は別のもの？ ラッセルの『タイプ理論』

論理的な矛盾を起こさないために、個体と集合とは分けるべき、とする考え方！

　数学の授業で習う「集合」、覚えていますか？　「集合Aが集合B に含まれる」ことをA⊂Bなどとあらわす数学の論理です。数学の 論理というと必ず正しいだろう…と思いがちですが、この「集合」 について矛盾があると指摘した哲学者がいました。それが、イギリ スの哲学者で論理学者の**ラッセル**です。ラッセルは、「集合」におい て、**「自分を含まない全体の集合」を考えることが不合理**だと指摘し ます。これを**「床屋のパラドックス」**という話で説明しました。

　ある村に1人だけ床屋がいます。その床屋は、「自分のヒゲを剃ら ない村人」全員のヒゲを剃りますが、「自分でヒゲを剃る村人」のヒ ゲは剃りません。このとき、床屋が自分のヒゲを剃っても、自分で 剃らなくても、論理的に矛盾が起きてしまうのです〔**図1**〕。

　このパラドックス（矛盾）を避けるため、ラッセルは**「タイプ理 論」**を提唱します。「床屋のパラドックス」でいうと、**個体を要素と する集合**（＝床屋）と、**集合を要素とする集合**（＝村人全員）は**タイ プ（階層）が違う**ので、混同するべきでないという考え方です。

　また、ラッセルは「ペガサス」や「ガラス製の鉄器」など、**指し 示す対象が存在しないものを含む文章は、分解することで、真偽を 確かめられる**と説きました。これを**「記述理論」**といいます〔**図2**〕。

150

論理の矛盾を考える

▶ 床屋のパラドックス〔図1〕

ある村の床屋（男性とする）は、ヒゲを剃っても、剃らなくても、ルールに矛盾することになる。

ルールA

床屋は自分でヒゲを剃らない村人の
ヒゲを剃る。

床屋が自分でヒゲを剃らない場合、
ルールAに矛盾する

ルールB

床屋は自分でヒゲを剃る村人の
ヒゲは剃らない。

床屋が自分でヒゲを剃る場合、
ルールBに矛盾する

「床屋」と「村人全体」とを同じタイプとして考えたために、この矛盾が起きた！

▶「記述理論」の考え方〔図2〕

例えば、「ペガサスは空を飛ぶ」という文章は、主語を「X」として書き換えて、分解することで真偽を判定できる。

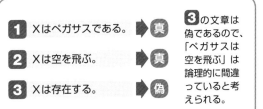

1 Xはペガサスである。 ➡ 真

2 Xは空を飛ぶ。 ➡ 真

3 Xは存在する。 ➡ 偽

3の文章は偽であるので、「ペガサスは空を飛ぶ」は論理的に間違っていると考えられる。

52 神や真理は『言語』で語れるものじゃない？

なるほど！ ヴィトゲンシュタインは、事実だと確認できないことは語るべきでないと主張！

　言語を哲学の中心に考える**「分析哲学」**と関係の深いひとりが、オーストリアの哲学者**ヴィトゲンシュタイン**です。ヴィトゲンシュタインは、人は言語によって思考するので、人が世界を理解するためには、まずは言語を理解することが必要だと考えました。これまでの哲学は、言語を分析していなかったと考えたヴィトゲンシュタインは、言語の限界を明確にするため、**言語の本質は、客観的な世界の事実を写し取ること**だと考えました（写像理論）。

　写像理論では、世界のあらゆる「事実」には、それに対応した**「論理的命題」（論理的に真か偽となる文）が一対一で対応している**とされます。そして、「事実」と「論理的命題」との関係は、世界が成り立つことの前提条件であると考えます。すべての「事実」に「論理的命題」がセットになっているのなら、世界は事実の集合体なので、**言語を分析すれば、世界のすべてを説明できる**のです〔**図1**〕。

　このことから、「神」や「真理」「善と悪」「正義」など、真偽を確かめられない存在は、言語の範囲から外れたものとなり、言語の限界を超えたものと写像理論ではなるのです〔**図2**〕。このことを、ヴィトゲンシュタインは、**「語り得ないことについては、沈黙しなければならない」**と表現し、伝統的な哲学を否定したのです。

事実とセットになった言語

▶「事実」と「論理的命題」の関係〔図1〕

世界は「事実」の集合体であり、事実は、「論理的命題」と一対一で対応している。

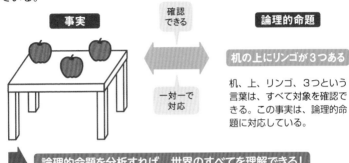

事実

確認できる

一対一で対応

論理的命題

机の上にリンゴが3つある

机、上、リンゴ、3つという言葉は、すべて対象を確認できる。この事実は、論理的命題に対応している。

論理的命題を分析すれば、世界のすべてを理解できる！

▶ 神や真理は言語の限界を超える?〔図2〕

ヴィトゲンシュタインは、「神」「真理」など、形而上（対象を知覚で確認できない）の物事は、言語で語ることができないと主張した。

神は存在する　　悪魔は存在する　　絶対的な真理はある

真偽を確かめられないので、言語で語ろうとするのは間違い！

53 私たちは常に『言語ゲーム』をしている?

なるほど! ヴィトゲンシュタインは、あらゆる言語は、日常の言葉のやり取りから生まれると考えた!

　ヴィトゲンシュタインは、形而上の物事を言語で語るべきでない、といいましたが（➡P152）、後年、自らの言語分析が不十分だったと考えます。ヴィトゲンシュタインは、例えば「リンゴが3つある」というような「論理的言語」が先にあるのではなく、「リンゴ」「3つ」のような、日常会話で使う**「日常言語」**が先にあって、それらが**「言語使用」として体系化されている**と気づいたのです〔**図1**〕。そして、言語の使われ方を理解するために、そのもととなっている日常言語の分析をはじめたのです。

　論理的言語は、世界の事実と一対一で対応しますが、**日常言語は、同じ言葉でも状況によって複数の意味をもつことがあります**。例えば、「すごい」という言葉は、前後の文脈によって、ほめる意味にも、けなす意味にもなりますよね。このように、私たちは日常の中でどの言葉を、どのような場面で使うかという「使用法」を学びます。それは、ゲームのルールを学ぶのに似ているといえます。

　このことから、ヴィトゲンシュタインは、**使用の中で言葉の意味が決まることを「言語ゲーム」と呼びました**〔**図2**〕。あらゆる言語は、最初から意味が定義されているのではなく、言語ゲームの中で使われることで意味が決まっていくと説いたのです。

言葉の意味を決める「言語ゲーム」

▶「論理的言語」と「日常言語」〔図1〕

世界の事実を示す論理的言語よりも先に、日常生活で使う日常言語がある。

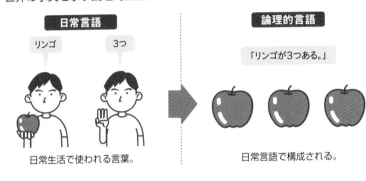

日常言語

リンゴ　　3つ

日常生活で使われる言葉。

論理的言語

「リンゴが3つある。」

日常言語で構成される。

▶ 言葉の意味が決まる「言語ゲーム」〔図2〕

日常言語は、状況や文脈によって意味が変わるため、使うときの「ルール」を日常生活の中で学ぶ必要がある。

これは「すごい」！

こっちもある意味「すごい」…

同じ「すごい」という言葉でも、使い方や状況によって意味が変わる。そのため、「すごい」という言葉だけを抜き出して分析しても意味がない。また、日常言語は話し手が使っているので、その意味は話し手の使用法の比較によって成り立つ。

現代の哲学 **4章**

54 絶対に正しい科学理論、はありえない?

なるほど! 科学理論とは、反証される可能性があるもの。反証の可能性がない理論は科学的といえない!

　20世紀前半、実験や観察などで真偽を確かめられるものだけを「哲学」の対象として考え、形而上学を否定する**「論理実証主義」**が盛んになりました。この考え方を、オーストリアのウィーンで活躍した哲学者が取り入れました。

　しかし、オーストリア出身の科学哲学者**ポパー**は、どれだけ完璧とされている科学理論でも、**誤りであることを示す証拠(反証)を出される可能性が常にある**と指摘しました(**反証可能性**)。科学理論は、検証をくり返すことによって正しさを確認していくことができますが、たったひとつの例外が示されるだけで、誤りが立証されてしまいます。科学理論を検証によって完全に証明することは、不可能なのです〔**図1**〕。

　しかしポパーは、**実験や観察によって反証される可能性がある理論こそが科学的**であり、反証される可能性がない理論は、科学とは呼べないと主張しました(**反証主義**)。ポパーは、**「誤りから学ぶこと」が重要**だと説いたのです〔**図2**〕。

　ポパーは、この考えを社会理論にも応用し、ある政策を実行したとき、その政策を絶対視するのではなく、問題点や誤りが見つかったら、そのつど改善していくべきだと訴えました。

「<u>反証</u>」こそが科学

▶すべての科学理論は反証されうる？〔図1〕

すべての科学理論は、反証が可能という性質がある。

例えば、「すべてのアヒルは白い」という科学理論は、アヒルを1羽ずつ検証することで証明に近づく。

しかし、黄色いアヒルが1匹でも発見されたら「すべてのアヒルは白い」という科学理論は反証される。

▶「科学」と「擬似科学」の違い〔図2〕

ポパーは反証が可能な理論が科学的であり、反証が不可能な「科学理論」は擬似科学だと主張した。

科学

私の理論は間違いだった！

→ 誤りを認める

擬似科学

誰が何といおうと神は存在する！

→ 誤りを認めない

すべてのカラスを調べられる?
「ヘンペルのカラス」

代表的な思考法のひとつである帰納法（き のうほう）（➡P82）が抱える問題を示した思考実験です。

「すべてのカラスは黒い」ことって、証明できるでしょうか?

　論理的思考で考えると、『AならばB』という命題（真か偽となる文）を証明するには、その対偶『BでないならばAでない』を証明すればよいことになります。命題と対偶の真偽は必ず一致するからです。つまり、命題の「すべてのカラスは黒い」を証明するには、その対偶「黒でないならば、すべてカラスでない」ことを証明すればいいのですが、これって「正しい考え方」でしょうか?

解説

　この思考実験は、ドイツの哲学者**ヘンペル**が提唱した**「ヘンペルのカラス」**と呼ばれる思考実験です。

「黒でないならばカラスでない」ことを証明するためには、黒でないものをすべて探し出し、それらが「カラスではない」ことを確かめる必要があります。つまり、「リンゴは赤」「ブロッコリーは緑」「バナナは黄」といったように、「カラスと関係がなく、黒でないもの」を調べれば調べるほど、命題の証明に近づくのです。

　しかし、**現実には、「黒でないもの」は多すぎて、調べることは不可能**です。また、もとの命題ではカラスを1羽ずつ調べればいいので、前提となるカラスの存在が証明されていましたが、対偶では、いくら「黒でないもの」が「カラスではない」ことが証明されても、カラスの存在そのものが証明されません。**前提条件が不確かな命題では、対偶の真偽も不確かになってしまう**のです。

命題と対偶	論理的には、命題と対偶は常に真偽が一致するが、対偶の証明が非現実的だったり、命題の前提条件が不確かになってしまうと、真偽はあいまいなものになってしまう。

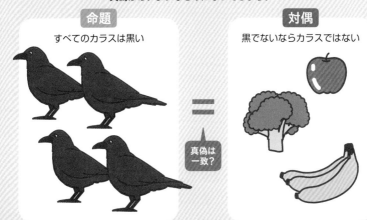

命題
すべてのカラスは黒い

対偶
黒でないならカラスではない

＝

真偽は一致？

55 知識＝ネットワーク？ 『知の全体論』

知識は個別に存在するのではなく、それぞれが関わりあうネットワークだという考え方！

　ポパーは、「反証される可能性がある」ものが科学理論だといいました（➡P156）。ところで、この「反証」って、どうやって行うものなのでしょうか？

「知識」の基礎を実験や観察に置く論理実証主義では、「理論」と「実験・観察による結果」は一対一で対応すると考えました。つまり、「すべてのアヒルは白い」という理論に対して、それを観察によって検証できれば、その理論は正しい「科学理論」となり、別の色のアヒルが見つかれば「反証」となり、理論が否定されます。

　しかし、アメリカの分析哲学者**クワイン**は、「理論」と「実験・観察による結果」とは一対一の対応関係ではないと考えました。クワインは、知識は個別に独立して存在しているのではなく、**相互に結びついて、ひとつの集まり（ネットワーク）を構成している**と考えました。そして、この広大なネットワーク全体を対象として検証・反証を行うべきだと主張しました。この考え方を**「知の全体論」（ホーリズム）**といいます〔**図1**〕。

　また、クワインは、言語を正確に「翻訳」することは困難だと主張し、**自分と他者の間で、言語が意味する範囲が一致しないことがある**ことも明らかにしました（**翻訳の不確定性**）〔**図2**〕。

科学理論は<u>知識全体の一部</u>

▶「論理実証主義」と「知の全体論」〔図1〕

クワインは、知識とは相互に結びついたネットワークだと主張した。

論理実証主義	知の全体論
理論と実験結果は一対一で対応しており、実験で理論を確かめられたら、その理論は正しい。	実験結果と一致する理論は、複数存在する。

一対一で対応

理論 ⬌ 実験結果

知識
天文学
哲学　心理学
物理学
政治学　医学
数学

▶翻訳の不確定性〔図2〕

クワインは、未開地の調査で、原住民が目の前を横切ったウサギを見て「ガヴァガイ」といったのを聞いて、翻訳の抱える問題を考えた。

ガヴァガイ

ウサギを意味している?

ウサギが横切ったことを意味している?

「正確な翻訳が困難」という事実は、人間がお互いの概念を正確に理解し合うことが困難であることを示している。

56 理論は劇的に変化する？『パラダイムシフト』

なるほど！ 科学理論の「理論的な枠組み」＝パラダイムが、革命的に変化することを意味する！

　よくビジネス界隈で聞く「パラダイムシフト」。これ、元々はどういった話なのでしょうか？

　実証主義が掲げ示した「世界は進歩し続ける」という考え方は、20世紀になると、科学の世界にも広まります。科学理論は、実験や観察によって事実が発見され、その事実が積み重なることで発展してきたと考えられるようになりました。しかし、アメリカの科学史家**クーン**は、科学理論は少しずつ累積的に発展するのではなく、科学者が科学的に物事を考えるときの**「理論的な枠組み」（パラダイム）が革命的に変化する「パラダイムシフト」**によって、発展するのだと説きました。

　例えば、天動説やニュートン力学などによって積み上げられてきた天文学や物理学などの理論は、やがて**説明できない事例（変則事例）が発生**し、行き詰まるようになります。その危機の中から、地動説や相対性理論などの新しい理論が登場することで、それまでの常識だったパラダイムが書き換えられ、科学理論が大きく発展するのです。クーンは、この変革を**「科学革命」**と呼びました〔**右図**〕。

　クーンは、こうした科学革命は、歴史上何度も起きてきたと指摘し、現在も起こりつつあると主張しました。

革命的な理論で常識が変わる

▶「パラダイムシフト」の流れ

パラダイムシフトが起こると、それまで当然とされてきた科学理論が新しい科学理論に書き換えられる。歴史上、この流れはくり返されている。

パラダイムの誕生

多くの科学者が認める科学理論がパラダイム（理論的な枠組み）となる。

例 天動説

地球の周りを、太陽やほかの天体が回っているという学説。天文学は、地動説をもとにした理論によって発展する。

変則事例の発生

パラダイムでは説明できない例外的な事例が次々と発見され、矛盾が大きくなる。

例 惑星の逆行

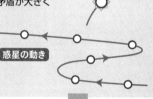

太陽の動き

惑星の動き

天動説なら惑星は太陽と同じように一定方向に動くはずなのに、惑星は逆方向に動くことがある。

新パラダイムの誕生

変則事例を解決する新しい科学理論が発見され、その理論が多くの科学者に受け入れられると、新しいパラダイムが誕生する。

例 地動説

太陽の周りを、地球や惑星が回っているという学説。惑星の逆行の説明がしやすくなり、多くの科学者が受け入れていった。

「朱子学と陽明学」

秩序や行動などを重視する新儒教

古代中国で誕生した儒教は、やがて「朱子学」と「陽明学」を
生み出しました。どのような思想なのでしょうか?

12世紀、宋の時代に生まれた**朱熹（朱子）**は、古代より中国の
中心的な思想となった儒教（➡P80）を学び、これまで重視されて
いた**五経**（『易経』『詩経』『書経』『礼記』『春秋』）のほかに、**四書**
（『大学』『中庸』『論語』『孟子』）を必須の書とし、「四書五経」を
儒教の根本経典としました。

朱熹は、人間を含む万物（世界）は、**「理」**（秩序や法則）と**「気」**（物質の構成要素）で成り立つと考えました。これを**「理気二元論」**といいます。そして、人間の心も**「情」**（欲情や感情）と**「性」**（理性）に分かれると考え、「性」の部分だけに「理」が備わっていると主張しました**（性即理）**。しかし、心は「情」の影響を受けやすいので、欲望を抑えて「理」と一体化する**「居敬」**と、正確な知識を得て「理」を極める**「窮理」**が必要だと説きました。欲望を抑え、秩序に従うべきとする朱熹の新しい儒教は**「朱子学」**と呼ばれます。

　これに対し、15世紀、明の時代に生まれた儒家・**王陽明**は、理論を重視する朱子学を批判し、心は「理」や「性」に分けられるものではなく、心全体から「理」が生まれると主張しました**（心即理）**。王陽明は、人間は生まれながら、道徳的能力**（良知良能）**を備えており、これを発揮すれば、善を実現できると考えました**（致良知）**。さらに、「実践しないで学んだといえるものはない」とし、「知識と実行は一体である」と説きました**（知行合一）**。王陽明が築いた行動重視の新しい儒教は**「陽明学」**と呼ばれます〔**下図**〕。

朱子学と陽明学　朱子学は心を分割し、陽明学は心を全体的に考える。

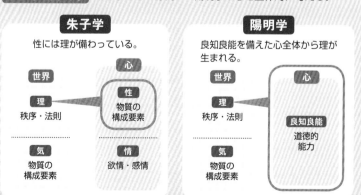

朱子学
性には理が備わっている。

世界	心
理 秩序・法則	**性** 物質の構成要素
気 物質の構成要素	**情** 欲情・感情

陽明学
良知良能を備えた心全体から理が生まれる。

世界	心
理 秩序・法則	**良知良能** 道徳的能力
気 物質の構成要素	

57 世界はほんとに存在する？『現象学』とは

なるほど！ 世界が存在すると**客観的には証明できない**ので、**実際の経験**から現れた「**現象**」を探求する考え方！

ふだん私たちは、知覚によって世界を認識し、その世界に自分が含まれていると信じています。自分が何を考えようとも、世界の存在を疑わないのが、私たちの**「自然的態度」**です。

しかし、よく考えてみると、「（客観的に見て）世界が存在している」と信じているのは私たちの意識＝主観なので、客観的に世界が存在することを、根拠を示して証明することはできません。自分がいる世界の外に出て、**自分がいる世界を客観的に確認できない**からです。オーストリアの哲学者**フッサール**は、世界は知覚から得た情報によって意識にあらわれた**「現象」**だと考えました。そして、真理を追求するために、「客観的な世界が存在する」という**判断を一時停止（エポケー）**し、私たちの実際の経験に立ち返ることで、意識と世界の関係をとらえ直そうとしました（**現象学的還元**）〔**図1**〕。こうして、意識と現象を探求する**「現象学」**がはじまりました。

フッサールによれば、すべての意識は、常に"ある何か"についての意識だとされます（**志向性**）。私たちは、対象のすべてを知覚することはできないので、**知覚から得た不十分な情報をもとに、対象が何であるかを判断します**〔**図2**〕。このため、人間は判断を誤りやすく、真理には到達できないとされるのです。

世界の客観的存在を疑う

▶「自然的態度」と「現象学的還元」〔図1〕

自然的態度

リンゴがある

客観　主観

リンゴを見たとき、「リンゴがあるから、リンゴがあるように見える」と考えるため、リンゴの存在を疑うことはない。主観と客観は一致する。

現象学的還元

赤い　丸い　おいしそう

知覚　還元

「リンゴは存在する」という判断を一時停止し、「赤い」「丸い」といった意識による経験を吟味し、「こう見えるからリンゴだと確信する」と考える。

▶「志向性」による判断〔図2〕

人間は、対象についての意識をもとに、「この対象は○○である」と判断する性質（志向性）がある。

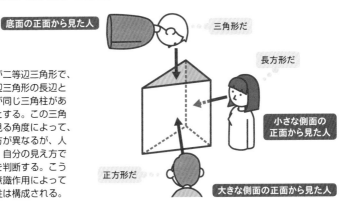

底面の正面から見た人

三角形だ

長方形だ

小さな側面の正面から見た人

底面が二等辺三角形で、二等辺三角形の長辺と高さが同じ三角柱があったとする。この三角柱は見る角度によって、見え方が異なるが、人間は、自分の見え方で対象を判断する。こうした意識作用によって三角柱は構成される。

正方形だ

大きな側面の正面から見た人

58 『存在とは?』と 問えるのは人間だけ?

> **なるほど!** 人間は「存在」を確認することはできないが、「存在」を問うことはできる唯一の存在!

「存在とは何か?」という問いは、哲学の古くからの本質的な問題です。フッサールの現象学（➡P166）に影響を受けたドイツの哲学者**ハイデガー**は、「存在」の意味を独自に考え直しました。

人間は、自分が存在する世界の外側から、世界を客観的に見ることはできないので、あるものが「存在すること」を確認することは不可能です（➡P166）。しかし、**「自分はなぜ存在しているのか」と、問うことはできます**。ほかの動物や物は、自らの存在を問うことはしませんよね。ハイデガーは、この世界で**「存在のあり方」を問えるのは人間だけ**だと考え、このような人間の存在のあり方を**「現存在」（ダーザイン）**と呼びました〔**図1**〕。

ハイデガーによると、現存在は、この世界でさまざまな存在と関わりながら生きています。人間は自分が存在する世界の内に投げ出され（**被投性**）、道具などの存在物を利用し、他者を気づかいながら生きています。もし自分の環境や運命から逃れたいと思っても、世界構造を変えたり、別の世界に移ったりすることはできません。このような現存在のあり方を、**「世界内存在」**と呼びます〔**図2**〕。

近代哲学では、人間（理性）と世界を分けて考えてきましたが、ハイデガーは、**人間は世界に組みこまれていると主張**したのです。

世界に投げ出されている

▶「存在」を問える「現存在」〔図1〕

人間は、「存在」を客観的に確認できないが、「存在」の意味を問うことはできる。

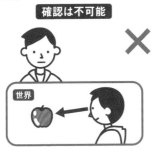

確認は不可能

リンゴの存在を確認している自分を、世界の外から見ることはできない。

問うことは可能

リンゴの存在を問うことができるのは、人間（現存在）だけ。

▶世界内存在〔図2〕

現存在は、今現在、自分が存在する世界の道具や環境と関係することで存在している。

採光するための窓

着るための服

飲料を入れるためのコップ

物を置くための机

現存在は、世界の中で、さまざまな道具を利用しながら存在している。道具は、現存在が利用するために存在している。こうして、現存在と道具は切り離すことができなくなるため、現存在はこの世界の中でしか存在できない。

現代の哲学 **4**章

59 『死』を意識すると 本当の自分に出会える?

ふつうの人は**周囲と同調**して生きているが、**死を自覚**することで、**自分の人生を生きられる**!

ハイデガーは、人間だけが現存在として、存在の意味を問えると説きました（➡P168）。それなのに、人間は日常生活で世間話や好奇心などに気をとられてしまいます。誰もが他人と同じような話題を好み、**「みんながするから自分もする」**といった生き方を、ハイデガーは無責任だと考えます。これは現存在の本来的なあり方ではなく、**「非本来的」**なあり方だと主張しました。ハイデガーは、現存在に非本来的な生き方をもたらすあり方のことを、**「ひと」（世人／ダス・マン）** と呼びました〔**図1**〕。

「ひと」に支配された現存在は、無意識に周囲と同調して生きています。そのため、誰もが交換可能な存在になりますが、他人と交換できないことがひとつだけあります。それは**「死」**です。

ふだん「ひと」は、死への恐怖・不安によって、死から目を背けて生きています。しかし、人間である以上、死を避けることはできません。**「自分はいつか死ぬ」と強く意識することで、あいまいだった現存在は、自分の人生は一回限りのかけがえのないものだと自覚し、本来の自分自身を取り戻せる**のです。ハイデガーは、死を覚悟して目覚めた現存在を、**「死への存在」** と呼び、これこそが、実存（➡P118）の本来のあり方だと説きました〔**図2**〕。

「死」と向き合う

▶ 現存在を支配する「ひと」〔図1〕

「ひと」（世人）は、特定の人物ではなく、「みんながやっている」という ときの「みんな」のように、とらえどころのない空気のようなものである。

ひと（世人）

みんなが…　みんなが…　みんなが…　みんなが…

現存在　現存在　現存在　現存在

「ひと」に支配された現存在は、世間話を好み、好奇心が強く、無自覚な考え方をするという特徴がある。「みんな」のせいにするため、自分の意見や行動に責任をもたなくなる。

▶ 本来の自分を取り戻す「死への存在」〔図2〕

世人に支配された現存在は、無意識に世間の価値観に合わせて生きるようになるが、死を覚悟すると、自分らしい生き方ができるようになる。

世人に支配された現存在

とりあえず大学行くか…

誰からも命令されていないのに、なんとなく世間の価値観に自分を合わせて生きる。

死への存在

シェフになる！

「明日死ぬとしても、今の生き方でいいのか」と考え、自分の生き方を主体的に選ぶ。

171

現代の哲学 **4章**

60 『限界状況』になると人は神と出会える?

なるほど! どうにもならない状況に追いこまれたとき、人は世界を包みこむ「包括者」＝神と出会う!

　ドイツの哲学者**ヤスパース**は、「**死**」「**苦（苦悩）**」「**争（闘争）**」「**責（罪責）**」といった、現実において逃れられない**「限界状況」**は、どれだけ科学が発達したり、どれだけ自分が努力をしたとしても、解決できないものだと考えました。

　こうした限界状況に直面すると、人は自分の無力さを痛感して（有限性の自覚）、挫折し、絶望します。しかし、こういう状況のときにこそ、人は、**自分と世界全体を包みこむ永遠の「包括者」（超越者・神）の存在**を感じるとヤスパースは考えます。自分の実存（➡P118）が包括者によって支えられていることを確信することで、実存に達することができると考えたのです〔**図1**〕。このことをヤスパースは、「限界状況を経験することと、実存することは、ひとつなのである」と表現しました。

　ヤスパースは、包括者の存在を確信した人は、同じように包括者を確信した人と関わりをもつようになるといいます（**実存的交わり**）。彼らは互いに理性と愛によって、真実の自己を目指す精神的な戦い（**愛の闘争**）を始めます〔**図2**〕。

　科学が万能とされ、キリスト教への信仰が失われた時代において、ヤスパースは、**理性と実存を両立させる哲学**を打ち立てたのです。

実存と理性の関係

▶「限界状況」で出会う包括者 〔図1〕

戦争や死などに直面し、自分の無力さを知った人間は、世界を包みこむ包括者に出会う。

限界状況	包括者との出会い

戦争など、自分では避けられない状況に置かれたとき、人間は自分の無力さを自覚する。

限界状況に直面すると、自分の実存が包括者に支えられていることを自覚する。

▶「実存的交わり」から「愛の闘争」へ 〔図2〕

ヤスパースは、包括者と出会って実存を確信した人どうしの交わりを重視した。彼らは互いに理性と愛をもち、真実の自己を目指して精神的に戦う。

キルケゴール（➡P118）は、神とただひとりの単独者として向き合うことで実存が実現すると主張したが、ヤスパースは、包括者（神）を信じる人どうしの交わりによって、実存が深まると説いた。

貧しい子を救うことは義務?

「池で溺れる子ども」

貧困問題に対して、豊かな国に暮らしている人々は何をする
べきかを問う思考実験です。

　あなたは仕事に行く途中、小さな池で幼い子どもがひとりで遊ん
でいるのを見ました。よく見ると、その子どもは手をバタバタさせ
ていて、溺れているように見えます。池は小さいので、その子ども
を助けることで、あなたもいっしょに溺れることはありません。し
かし、買ったばかりの靴とスーツはびしょ濡れになりそうです。ま
た、その子どもを保護者のもとに送り届けたら、仕事に遅刻します。
それでもあなたは、溺れている子どもを助けますか?

解説

　この思考実験は、オーストラリアの哲学者**シンガー**が発表したもので、「**豊かな国の裕福な人々は、貧しい国で苦しむ人々を救う義務がある**」ことを、論理的に説明するために示されました。

　池で溺れている子どもを見たら、ふつうの人であれば、溺れかかって死にそうな子どもを見殺しにするのは「悪」だと感じるので、靴やスーツがぬれても助けに行くはずです。**「新品の靴・スーツ」「仕事の時間」などを犠牲**にしても、子どもの命を救うべきだと判断するでしょう。では、途上国で、飢餓に死にそうな子どもの映像をテレビで見たとき、あなたはどうしますか？

　シンガーは、「**池で溺れる子ども**」と「**途上国で飢餓に苦しむ子ども**」は、「**あなたが何もしなければ死ぬかもしれない**」という意味で**同じ**であり、「金銭」という少ない犠牲を払って救うべきだと主張しました。そして、子どもが死にそうなのを知っているのに何もしないことは、見殺しにすることと同じなので「悪」だと指摘し、「援助団体に寄付しなければ、間違っている」と結論づけたのです。

貧困問題への正しい行動は？

シンガーは、貧困問題を知りながら何も行動しないことを「悪」だと指摘し、富裕国の人々に寄付を呼びかけている。シンガー自身は、自分の収入の25％をユニセフなどの援助団体に寄付している。

61 人は『自由の刑』に 処されている?

サルトルの考え。人は**自由に生きられる**が、自分の**選択に全責任**を負わなければならない!

　もし、神が存在しないとしたら、人はこの世界でどのように生きるべきなのでしょうか?

　フランスの哲学者**サルトル**は、神は存在していないと考えました。もし、神が存在するなら、神は「人の本質は○○だ」と、設計図のようなものを考えるでしょう。逆に、**神が存在していないなら、人はどのように生きても「自由」なはず**です。つまり、人間は生まれた瞬間に「実存」(現実に存在すること)し、その後、自分の「本質」(役割)を自分で決めるのです。サルトルは、このことを、人間は**「実存が本質に先立つ」**と表現しました〔**図1**〕。また、人間は最初、何者でもない存在であるため、「定義不可能」だと主張し、**「人間は後になって初めて人間になる」**とも考えました。

　サルトルは、**自由をすばらしいものではなく、重苦しいもの**としてとらえていました。サルトルは、自由にはふたつの特徴があると考えました。誰にも頼らず自分で未来を決定しなければならない**「孤独」**と、自分の決定を誰のせいにもできない**「責任」**です。そのため、すべての選択結果は自己責任となり、自由は重荷のように、人間にのしかかってくるのです。このことをサルトルは、**「人間は自由の刑に処されている」**といいました〔**図2**〕。

人間にとって「自由」は重荷

▶「実存」と「本質」〔図1〕

サルトルは、ペーパーナイフと人間を対比して、人間の「実存は本質に先立つ」と説明した。

ペーパーナイフ
本質 紙を切ること
実存 ペーパーナイフとして存在する

➡ 本質が先で、実存は後になる

人間
実存 ともかくも生まれてきた存在
本質 なりたい自分

➡ 実存が先で、本質が後になる

▶「人間は自由の刑に処されている」〔図2〕

サルトルは、人間にとって自由は、「孤独」と「責任」がともなう重荷のようなものだと説いた。

孤独

役者になる！

劇団員募集

どのような決断も、自分自身でしなければならない。

責任

役者じゃ食べていけない…

どのような結果になっても、受け入れなければならない。

62 人が物と違うのは『意識』があるからこそ?

サルトルは、人の本質は「意識」と考え、未来に向けて自分を変えていく存在と考えた!

　サルトルは、人間の自己を形成するのは**「意識」**だと考えました。例えば道具であるハサミは、「自分の本質は切ることだ」と考えることなく存在します。サルトルは、このように、「実存」と「本質」が未分化で一致した存在を、**「即自存在」**と呼びました。

　一方で、常に自分を意識して、未来に向けて新しい自己を築こうとする人間のことを**「対自存在」**と呼びました。対自存在である人間は、**「あるところのものではなく、あらぬところのもの」**として、**「あるところのもの」（過去・現在）から、「あらぬところ」（未来）に向けて自分を変えようとする存在だ**と考えたのです〔**図1**〕。

　しかし、自由がもたらす孤独と責任の重さに耐えられない人間は、例えば、「あなたはこの学校に行くべき」などと人から与えられた役割を演じることで、自由の不安から逃れようとします。

　しかし、いくら「自由」といっても、他人や社会に迷惑をかけたり、他人の自由を奪ったりする行為は許されません。また、自分が所属する社会が、自由を抑圧したりする場合があります。これに対し、サルトルは人間らしい自由な社会を実現するために、人々が連帯して積極的に**「社会参加」（アンガージュマン）**し、人間を解放する社会につくり変えていくべきだと訴えました〔**図2**〕。

解放的な社会に変革する

▶「即自存在」と「対自存在」〔図1〕

サルトルは、人間は物や道具と違い、未来を意識して自分を変えようとする存在とされる。

即自存在	対自存在

ハサミは、最初から「切る」という本質とともに存在している。

私も独立しよう！

人間は、過去・現在から抜け出し、新しい自分の可能性を求めて生きようとする。

▶「社会参加」で自由な社会へ〔図2〕

アンガージュマンは、本来、「拘束」という意味。サルトルは、人間は社会に拘束されることで、積極的に社会を変革させられると訴えた。

サルトルは、平和運動や民族独立運動に積極的に関わり、世界中の社会運動に大きな影響を与えた。1964年にはノーベル文学賞を贈られたが辞退した。

179

63 女性らしさからの解放？ 『フェミニズム』とは

なるほど！ ボーヴォワールは、**女性らしさ**を規定するのが**男性中心の社会**の文化や習慣であると主張！

　女性の権利を拡張し、男女平等の社会を目指す主張や運動のことを**「フェミニズム」**といいます。女性が参政権や労働・教育などの権利を求めたフェミニズム運動は19世紀末からはじまりましたが、女性の性的役割分担からの解放を目指す運動は、1960年代にはじまりました〔**図1**〕。この運動の先駆者が、フランスの哲学者**ボーヴォワール**です。ボーヴォワールはサルトルと恋愛関係になりましたが、実存主義の立場から「自由な選択ができる立場」を最優先し、事実婚のまま生涯にわたってサルトルとともに活動しました。

　ボーヴォワールは、**「女性らしさ」**を規定しているのは、身体の特徴ではなく**男性を中心とする社会の文化や習慣**であると主張。このような文化や習慣を見直し、女性が自由に生きられる社会の実現を目指しました。ボーヴォワールの考え方は、**「人は女性に生まれるのではない。女性になるのだ」**という言葉に表現されています。

　ボーヴォワールは、生物学的な性差である**「セックス」**と、社会的・文化的な性差である**「ジェンダー」**の違いを明確にしようとします。「良妻賢母」や「母性」といった「女性らしさ」は、家父長制的な社会における**男性側の都合によってつくられた約束事にすぎない**と指摘したのです〔**図2**〕。

「女性らしさ」はつくられたもの

▶ フェミニズムの歴史 〔図1〕

初期のフェミニズム運動は、女性の権利拡大を主張したが、1960年代には、女性に対する偏見や社会通念に立ち向かう運動になった。

19世紀末〜

政治参加や教育・労働の権利を男女同権にすることを目指した。

参政権　教育権

1960年代〜

社会が女性に求める性的役割分担からの解放を目指した。

女性解放

▶ 社会的な性差「ジェンダー」〔図2〕

ジェンダーとは、「男性らしさ」「女性らしさ」など、社会的・文化的につくられる性差のこと。

男らしさ

● 社会に出て働く
● 家族を養う

女らしさ

● 子育てをする
● 家事を担当する

「男らしさ」「女らしさ」といった社会通念は、人間がつくりあげてきた性差といえる。近年は、性による社会的差別をなくす「ジェンダーフリー」や、性差の境界線をなくす「ジェンダーレス」の考え方が広まっている。

現代の哲学 **4章**

64 心は身体を通して世界とつながっている?

なるほど! メルロ・ポンティは心身二元論を否定し、身体を通して心が世界とつながると主張した!

デカルト以降、近代哲学は心（主観）と身体（客観）は別のものだとする「心身二元論」（➡P66）を基礎として発展してきました。しかし、フランスの哲学者**メルロ・ポンティ**は、「身体」を哲学的に考え、心と身体を分けて考えるべきではないと主張しました。

メルロ・ポンティは、**「身体には、心とは違った身体独自の意識（無意識）がある」**と考えました。例えば、歩いたり、走ったり、自転車に乗ったり、楽器を演奏したりするとき、意識しなくても身体は勝手に反応するように動きます。何度も反復練習するうちに、身体は「こういう行動をするときは、こう動く」という図式をつくるというのです（**身体図式**）〔**図1**〕。

事故などで手足を切断した人が、存在しないはずの手足から痛みを感じることがありますが、これは、古い身体図式が残っているためだといいます。メルロ・ポンティは、**身体をただの物質ではなく、意識が浸透した存在**だと考えたのです。

メルロ・ポンティは、人間の身体は世界の中に存在し、身体を通して世界とつながっていると説きました。つまり、身体は**心と世界をつなぐ媒介**であり、主観と客観の両方の要素をもつ**「両義的な存在」**だと考えたのです〔**図2**〕。

心と身体は切っても切れない

▶「身体図式」とは？
〔図1〕

身体は独自の意識をもち、身体を動かすための身体図式をつくる。身体図式は、身体だけでなく道具にも及ぶ。

歩行	杖を使った歩行

「右足を出そう」「次は左足を出そう」などと意識しなくても、歩くことができる。

杖を使うことになったとき、身体は新しく「杖を使って歩く」という身体図式をつくる。

▶身体の「両義性」
〔図2〕

メルロ・ポンティは、身体は主観と客観の両方の要素をもつ両義的な存在だと説いた。

他者を感じる

主観

他者から感じられる

客観

心が浸透した身体は他者を感じることができ、また、自分の身体は他者から感じられる存在である。心は身体を媒介にして世界とつながっている。

現代の哲学 **4**章

65 『自我』でなく『他者』から考える哲学がある?

なるほど! 捕虜にされ極限状態を経験した**レヴィナス**は、「他者」を軸にした哲学を提唱した!

　西洋の近代哲学は、**「自我」**を中心に世界を認識する方向で発展しました。これに対し、「他者」から出発する哲学を提唱したのが、フランスのユダヤ人哲学者**レヴィナス**です。

　レヴィナスは、第二次世界大戦中に家族を虐殺され、自らも捕虜になるなど「他者」から極限状態を体験させられました。すべてを失ったレヴィナスにとって、**他者とは自分とは絶対的に異なったもので、完全に理解したり、操ったりすることはできない存在**でした。このことからレヴィナスは、近代哲学は自我で他者のすべてを認識しようとする**「全体性」**の立場を生み出したと批判しました〔**図1**〕。そして、全体性は他者によって突き破られると主張し、この他者を**「顔」**と表現しました。

　レヴィナスのいう「顔」は、実際の他者の顔そのものではなく、**他者のまなざしを象徴**するものです。他者の「顔」が自分に助けを呼びかけてきたときにそれを無視すれば、人は自分の存在を恥ずかしく感じます。人は他人に見つめられることを意識することで、自分に課せられた責任を感じることができるのです。つまり、人は自我によってではなく、**他者のまなざしに応えようとすることで、倫理的に行動できるようになる**と主張したのです〔**図2**〕。

「他者」を起点とする哲学

▶近代哲学が生み出した「全体性」〔図1〕

レヴィナスは、近代哲学の軸となる「私」が「他者」のすべてを認識できるという「全体性」の立場を生み出したと考えた。

全体性＝自分の世界

完全に
理解できる
と考える

私 → 他者

他者は「私」とは完全に異なる存在なので、理解しようとしても、完全に理解はできない。このため、「私」は主体性を失い、恐怖を感じる。

▶「顔」からの呼びかけ〔図2〕

レヴィナスが語る「顔」は、実際の人間の顔ではなく、全体性（自分の世界）の外にいる他者のまなざしを象徴する。

呼びかけに応じない

全体性

汝、殺すなかれ

私

顔
（他者）

全体性を保とうとして顔を無視すると、恥ずかしく思い、自分を否定したくなる。

呼びかけに応じる

汝、殺すなかれ

私

顔
（他者）

顔に応えることで、全体性は破綻し、「私」は倫理的に行動できるようになる。

現代の哲学 **4章**

「江戸時代の儒教」

安定した社会で発展した儒教

江戸時代に広まった儒教には、「朱子学」「陽明学」「古学」などがあります。どのような思想なのでしょう?

朱子学　　　　陽明学　　　　古学

　古代より、日本の思想は仏教が中心でしたが、戦国の内乱が終わって江戸時代がはじまると、幕府は社会秩序を安定させるために、新しい儒教である**朱子学**（➡P164）を政策に取り入れました。

　朱子学では、「情」（感情）に流されず、「理」（理性）に従うとき、本来あるべき心が実現すると説きます。そして、高い天と低い地が

あるように、万物（世界）には上下関係が存在し、人間社会でも、君臣・親子・夫婦などのように、上下の身分秩序が定められていると考えます**（上下定分の理）**。この考え方は、身分制度によって社会を治めようとする幕府にとって、都合のいいものでした。このため、幕府を開いた徳川家康は、朱子学者の**林羅山**を登用し、以後、朱子学は幕府の公式な学問として発展しました。

これに対し、**中江藤樹**は、陽明学（➡P164）を学び、知識と行動の一致を説く「知行合一」を説きました。そして、道徳的能力（良知良能）を発揮するには、**「時・処・位」**（時・場所・身分）を考えて行動するべきと訴えました。苦しむ庶民を救うために反乱を起こした**大塩平八郎**は陽明学者で、松下村塾で明治維新に活躍する志士を育てた**吉田松陰**は陽明学に強い影響を受けた人物でした。

また、**伊藤仁斎**や**山鹿素行**は、『論語』『孟子』などの原典を忠実に読んで学ぶべきと主張し、**荻生徂徠**は、孔子や孟子以前の『六経』などから学ぶべきと説きました。彼らのように、古典から儒教の本質を学ぶべきとする儒教の一派の考えは**「古学」**と呼ばれます。

江戸時代のおもな儒教

朱子学

身分制度や父子の別といった上下関係を核とする「理性」に従うことを重視する。

おもな思想
- 上下天分の理
（万物にある上下関係）

おもな学者
- 林羅山　● 新井白石

陽明学

生き生きとした「心」の活動を重視し、単に理解するだけでなく、道徳を実践することが大切だとする。

おもな思想
- 知行合一
（知識と行動の一致）

おもな学者
- 中江藤樹　● 大塩平八郎

古学

孔子や孟子の著作や、それ以前の古典を直接読んで、真意を探求する。

おもな思想
- 古義（古典の意味）・古文辞（古代中国の文章）の重視

おもな学者
- 伊藤仁斎　● 荻生徂徠

187

66 言語が変われば 世界観も変わる?

なるほど! 言語と物の結びつきに**必然性**はなく、言語が変わると**世界の見え方も変わってくる**!

　言語は、国によって違いますよね。スイスの言語学者**ソシュール**は、各国の言語による世界観の違いについて研究を進めました。

　ソシュールは、言語には**「シニフィアン」**（意味するもの）と**「シニフィエ」**（意味されるもの）があるといい、**言語が異なると、「シニフィアン」と「シニフィエ」の結びつきが変化する**と考えました〔**図1**〕。例えば、フランス語の「パピヨン」は蝶とガの両方を意味します。また、日本語で「米」といえば稲の実のことですが、英語では「稲の実」も「炊いたご飯」も両方「ライス」と呼びます。つまり、**使う言語によって、物の区分け方が違う**のです。

　また、ソシュールは、言語を**「ラング」**（言語のルール）と**「パロール」**（話す行為）に分けて考察しました。そして、**「パロール」は、それまでの「ラング」を新しくつくり変えていく**と主張しました。例えば、「やばい」は本来「危険・不都合」といった意味ですが、話し言葉によって「おもしろい・美しい」といった意味でも使われるようになっています。ソシュールは、「言語以前にあらかじめ存在する物に名をつけて理解する」というこれまでの世界観を否定し、世界は言語によって区分けされて理解されるため、**言語によって世界観も変化する**ことを明らかにしたのです〔**図2**〕。

世界は言語で区分けされる

▶「シニフィアン」と「シニフィエ」〔図1〕

シニフィアン（意味するもの）とシニフィエ（意味されるもの）の結びつきに必然性はなく、言語は、その社会が決めたものにすぎない。

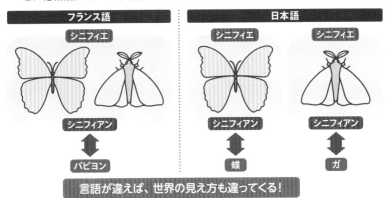

| フランス語 | 日本語 |

シニフィエ ／ シニフィアン ／ パピヨン

シニフィエ ／ シニフィアン ／ 蝶

シニフィエ ／ シニフィアン ／ ガ

言語が違えば、世界の見え方も違ってくる！

▶ 言語で変化する世界観〔図2〕

ソシュールは、世界は言語によって区分けされ、言語の変化によって区分け方も変化すると主張した。

従来の世界観

世界はあらかじめ区分けされていて、物に名をつけていくことで人間は世界を理解する。

ソシュールの世界観

世界は言語によって区分けされる。区分け方は、使う言語や、ラング（言語のルール）の変化によって違いが生じる。

67 人のつくる文化には 共通のパターンがある？

文明社会でも、未開社会でも、
すべての社会に共通する社会的ルールがある！

西洋近代哲学は、「合理的な人間が、理性によって文明を進歩させる」という考え方で発展してきました。しかし、「未開社会」を野蛮で劣ったものだと決めつけるこの西洋的な文明観に異議を唱えたのが、フランスの人類学者**レヴィ・ストロース**です。

レヴィ・ストロースは、南米アマゾン川流域の諸部族の未開社会を調査し、どの民族社会でも近親婚が禁止されていることをつきとめました。近親婚の禁止は、文明社会でも未開社会でも、共通する社会的ルールです。こうしたことから、レヴィ・ストロースは、人間の思考や行動は、完全に自由なものではなく、**無意識的・集団的に形成された「構造」（パターン）やシステムによって規定**されていて、この構造は、すべての人間の文化に共通すると主張したのです。このような考え方を、**「構造主義」**といいます〔**図1**〕。

レヴィ・ストロースは、未開社会では、自然環境の中で一定の規則に基づいた厳密な思考方法**（野生の思考）**が存在し、これは、西洋近代の抽象的で科学的な**「文明の思考」**よりも根本的なものだと主張しました〔**図2**〕。

レヴィ・ストロースは、**「未開社会」の文化にも合理的思考があると考える「文化相対主義」が重要**だと訴えたのです。

人間はシステムに規定される

▶すべての文化に共通する?「構造主義」〔図1〕

人の社会には、自由意志によるものではなく、無意識的につくられた人類共通の構造がある。

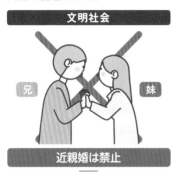

文明社会

兄　妹

近親婚は禁止

未開社会

兄　妹

近親婚は禁止

人類すべての社会に共通するパターンがある!

▶未開社会に生まれる「野生の思考」〔図2〕

未開社会の人々は、動物や植物を示す言葉や生活に役立つ知識などを使って理論を築き、世界を体系的に理解している。

未開社会の人々は、「野生の思考」によって、必要以上に動物を狩ったり、木材を伐採したりせず、自然と一体化した暮らしをしている。これは、自分たちの生活を守るための合理的な判断によるもの。

68 『人間』は、最近発明されたもの?

学問は、その時代の知の枠組みの制約を受ける。
「人間」中心の学問は、19世紀に誕生した！

「構造主義」では、人間の思考は、無意識的な構造やシステムによって規定されるといいます（➡P190）。フランスの哲学者**フーコー**は、構造主義の立場から歴史を研究しました。そして、知識や学問は各時代特有の**「エピステーメー」（知の枠組み）**の制約を受けると考えました。

　フーコーは、西洋社会の歴史を**「ルネサンス時代」「古典主義時代」「近代」**に分けて考え、それぞれの時代のエピステーメーを考察しました。ルネサンス時代には、動物・植物などとの「類似点」から存在の意味を考え、古典主義時代には、「同一性と相違性の原理」を軸に世界を分析。近代では、生物の組織や機能に関心が集中したことで**「人間」**という考え方が誕生し、言語学・生物学・経済学などが成立したといいます〔**図1**〕。このように、エピステーメーの変化により、新しい学問が誕生します。**「人間」という考え方は、19世紀に発明されたものだとフーコーは考えた**のです。

　構造主義により、「合理的」とされていた近代的な「人間」が、実は無意識的な構造に縛られているとわかりました。そのため、フーコーは「人間」が終焉に近づいていると考え、**「人間は波打ち際の砂の上にかいた顔のように消滅するだろう」**と語りました〔**図2**〕。

「人間」は最近の発明

▶フーコーによる時代区分〔図1〕

「エピステーメー」（知の枠組み）は時代によって大きく変化するが、連続性はない。

ルネサンス時代（16世紀以前）

エピステーメー

"類似"

類似点を探し出して世界を読み解く。

宇宙と人体は対応している？

古典主義時代（17〜18世紀）

エピステーメー

"表象"

同一性と相違性を軸に世界を読み解く。

2匹の蝶の違いは？

近代（19世紀以降）

エピステーメー

"人間"

「人間」を中心とする考え方。

経済学　言語学

生物学　心理学

▶人間の終焉〔図2〕

フーコーは、19世紀に誕生した「人間」を中心とする考え方は、構造主義によって揺らぎ、やがて消え去ると主張した。

近代的な「人間」

人間は「自分は自由だ」と思っても、無意識的な構造に縛られている。

自由だ！　　自由だ！

人間は波打ち際の砂の上にかいた顔のように消滅するだろう

フーコー

69 人は自分の意志で 権力に従っている?

なるほど! 近代社会では、人は誰かに命令されなくても、社会ルールに合わせて自身を制御している!

　権力って、「上から下を」支配する…というイメージですよね。でも、フーコー（➡P192）は、**近代社会では「人々は自発的に権力に服従してきた」**と考え、そのしくみを**「パノプティコン」**と呼ばれる監獄システムを使って説明しました。

　パノプティコンでは、独房に分割されている円環状の建物の中央に、監視塔が建てられています。監視塔からはすべての独房の囚人たちを見られますが、囚人たちは監視員の姿を見られません。このため、囚人たちは「常に監視されている」と意識するようになり、**監視員がいなくても規律に従うようになる**のです〔**図1**〕。

　フーコーは、パノプティコンのような**「自己監視システム」**は、近代社会における学校や会社、工場、家庭、軍隊など、あらゆる組織に見られるといいます。人々は、誰かに命令されなくても、社会のルールに合わせて自分自身をコントロールします。そして、社会のルールから外れた人を**「狂人」**として排除していくのです。

　フーコーは、結婚制度についても、国家が人口を増加させる目的のため、子どもを生める性愛だけを正常としたため、同性愛を異常とする考えが生まれたと指摘しました〔**図2**〕。フーコーは、**無意識的に自己の意識を拘束する権力の構造**を明らかにしたのです。

社会にひそむ「権力」

▶監獄システム「パノプティコン」

〔図1〕

監視塔からは光
で照らして独房
を監視できるが、
囚人から監視員
を見ることはで
きない。

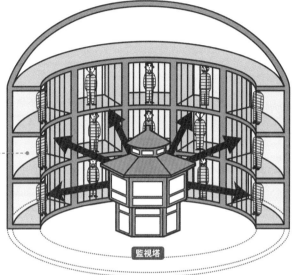

独房

囚人どうしは
連絡を取れず、
監視員も見えない

監視塔

囚人たちは監視員がいなくても規律を守るようになる！

▶国家による「性」の管理 〔図2〕

ギリシア神話にも見られるように、古代から同性愛は自然なこととされて
きたが、国家が人口増加を目指すようになると、同性愛を異常とする意識
が広がった。

異性愛		国家権力		同性愛
子どもが 生まれる	←正常	人口増加を 目指す	異常→	子どもが 生まれない

こうした意識は、人口の増加を目指す国家権力の影響で、無意識的に形成されたもの！

70 善＞悪は正しくない？ 『脱構築』とは

なるほど！ 「善／悪」のような**対立するふたつの概念**に、安易に**優劣をつけることを否定**する考え方！

　哲学では、「真理」「善」などの追求が主要なテーマでした。「真理」があれば「虚偽」が存在し、「善」があるなら「悪」が存在します。このように、**ふたつの対立する概念のことを「二項対立」**（➡P16）**といい、前項が後項より優位にあると評価**します。フランスの哲学者**デリダ**は、「西洋哲学は、二項対立によって構築されてきたけれど、前項が後項より優れているとは必ずしもいえない」と指摘しました〔**図1**〕。さらにデリダは、**二項対立的な考えは、弱者や多様性を排除することになる**と主張し、西洋哲学の基礎となっている二項対立を解体しようとしました。これを**「脱構築」**といいます。

　デリダは脱構築を、オリジナルとコピーの間にズレ**（差異）**が生じることで説明しました。例えば、悲しいときの、「悲しい」という言葉にしても、それは、自分のオリジナルな意識を既存の言葉でコピーしただけで、意識と言葉が一致しているわけではありません。意識を言葉にするまでの時間的なズレも生じています。こうしたズレのことを**「差延」**といいます。デリダは、音声（オリジナル）を文字化（コピー）するときも差延が生じると説き、また、オリジナルも何かのコピーから生まれると指摘しました〔**図2**〕。このため、**オリジナルとコピーとの価値に優劣はない**と主張したのです。

「意味」はズレていく

▶ 問い直される「二項対立」〔図1〕

デリダは、西洋哲学の基礎となる二項対立は、前項が後項より優れるというヒエラルキー（階層）をあらわすが、実際には、どちらが優れているかは決定できないと主張した。

前項	後項	前項	後項	前項	後項	前項	後項
善	悪	真理	虚偽	男性	女性	主観	客観

規定　　　　規定　　　　規定　　　　規定

前項が後項を規定しているように見えるが、実際は後項が前項を規定している。
このため、後項を問い直すことで、新しい哲学が生まれる。

例 「女性」を問い直す ➡ 「フェミニズム」が生まれる

▶ 「オリジナル」と「コピー」のズレ 〔図2〕

意識を言葉にすると、時間的にも、意味的にもズレ（差延）が生じる。言葉を文字にするときも、同様にズレが生じる。

悲しい…

オリジナル
「悲しい」と
感じること

ズレ

コピー
「悲しい」と
声に出すこと

自分の本当の感情を「悲しい」という言葉で
表現しただけなので正確でない。

悲しい…

ズレ

コピー
「悲しい」と
文字に
すること

「悲しい」という声を文字にするとき、
正確性が失われる。

現代の哲学 **4**章

71 人は『欲望』のままに 行動するべき?

なるほど! 欲望が抑圧された**パラノイア（偏執症）**でなく、
欲望のままに**多様な価値観**を求め生きるべき!

　フランスの哲学者**ドゥルーズ**と、フランスの精神科医**ガタリ**は、本能的な欲望こそ、人間が創造的に活動するための原動力と考え、欲望を全面的に肯定しました。

　ドゥルーズとガタリは、**欲望は多方向に広がるため、規制（コード化）できない性質がある**と考えました。資本主義社会では、欲望本来の性質が強まると考えられます。人間が欲望のままに行動すれば、社会は混乱します。これを避けるため、「エディプス・コンプレックス」（➡P120）など、欲望を抑圧する社会のしくみが働いていると考えました。ドゥルーズとガタリは、欲望が抑圧された状態を**パラノイア（偏執症）**と呼んで否定し、欲望のままに行動する**スキゾフレニア（統合失調症）**を理想としました〔**図1**〕。また、定住型の生き方ではなく、多様な価値観を求める**「ノマド」（遊牧民）**としての生き方をすすめました。

　ノマド的に生きるには、**「リゾーム」（根茎）**のような**「非中心化システム」**が重要だといいます。「父親」「神」「国家」といった**「ツリー」（樹木）**のような**「序列（中心化）システム」**を打ち崩し、リゾームをイメージしながら、さまざまな方向に広がり、多様な形でほかのものとつながり合うべきだと訴えたのです〔**図2**〕。

「ネットワーク」を重視

▶「パラノイア」と「スキゾフレニア」〔図1〕

ドゥルーズとガタリは、欲望の「脱コード化」を目指すスキゾフレニアの立場をすすめた。

パラノイア

有名大学に入学
有名企業に就職
家庭をもつ
財産を築く
自宅を購入
教養を身につける

親や社会の求めに応じて自分の欲望を抑え、統合的な人格を目指す。

スキゾフレニア

その日暮らしをしながら、気ままに世界一周！

欲望のまま、分裂的に自由に行動し、そのつど自分で価値を見つける。

▶「ツリー」と「リゾーム」〔図2〕

ドゥルーズとガタリは、西洋の思考は「ツリー」型であったが、今後は「リゾーム」型を目指すべきと主張した。

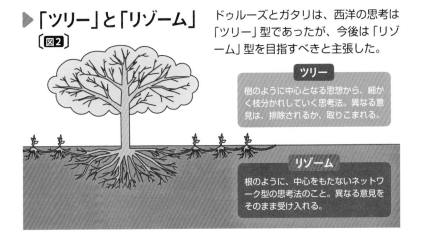

ツリー

樹のように中心となる思想から、細かく枝分かれしていく思考法。異なる意見は、排除されるか、取りこまれる。

リゾーム

根のように、中心をもたないネットワーク型の思考法のこと。異なる意見をそのまま受け入れる。

「西田哲学」
日本の伝統に基づいた哲学

明治から昭和にかけて、日本人哲学者の西田幾多郎は、西
洋哲学を超えた独自の哲学を生み出しました。

　明治時代になると、日本に西洋哲学が紹介され、「自由」や「平等」
といった考え方が広まりました。そして、明治時代の終わり頃には、
西洋哲学と東洋哲学を融合した、独自の哲学を築く者も現れました。
その代表が**西田幾多郎**です。

　カントに代表される西洋哲学は、認識する「主観」と、認識され

る「客観」が分かれていることが基本です。例えば、人が音楽を聞いているとき、聞いているのは自我（主観）で、音楽自体は客観となります。しかし西田は、美しい音楽を聞いて心が奪われているとき、**主観と客観は渾然一体となり、区別されていない状態（主客未分）**だと考えます。人間の認識は、主観と客観に分かれる前に、未分・渾然状態があると考えたのです。そして西田は、主客未分の根本的な経験を**「純粋経験」**と呼びました。

西田は、人間は純粋経験を体験しているとき、**真の実在**に出会えるといいます。このとき、「知（知識）」は真理として、「情（感情）」は美として、「意（意識）」は善として心に働き、これにより**「真の人格」**が実現すると説きました。

西田は晩年、主観と客観、対立や矛盾などを超えて、すべてのものを生み出す根源の**「場所」**があると考え、それを**「絶対無」**と表現しました。絶対無の場所では、個別的には矛盾を含んでいても、全体としては同一するとし、これを**「絶対矛盾の自己同一」**と表現しました〔**下図**〕。

絶対矛盾の自己同一

絶対矛盾の自己同一は、「矛盾は矛盾のままで、ひとつになること」であり、矛盾の解消を目指すヘーゲルの哲学とは違っている。

例えば、自分と他人とは意見や考え方が異なる矛盾した存在だが、自分ひとりでは世界に存在できず、他人と深くつながって全体として生きている。このため、自分と自分以外を分けて考えることはできない。

**全体としては
すべての人がつながる**

矛盾　矛盾

矛盾

72 これからは『大きな物語』よりも『小さな物語』?

現代に必要なのは普遍的な思想ではなく、多様な価値観だというポスト・モダン思想!

近代（モダン）哲学は、理性や科学を重視し、「自由の実現」や「歴史の進歩」など、**人類全体が認めるような思想の枠組み**を探求しました。こうした全体的で普遍的な哲学を、フランスの哲学者**リオタール**は、「**大きな物語**」と呼びました。

しかし、リオタールは、現代は多様な価値観が混在し、地域紛争や環境破壊など、理性や科学では容易に解決できない問題が多発していて、「**大きな物語」は終わりを告げた**と主張しました。そして、民族性や地域問題などの個別的な「**小さな物語**」をお互いに認め合い、他者との違い（差異）に注目し、共存していくことが重要だと説きました。「大きな物語」を否定する立場のことを、リオタールは、「**ポスト・モダン**」（**脱近代化**）と呼びました〔**図1**〕。

フーコー（➡P192）やデリダ（➡P196）、フランスの哲学者**ボードリヤール**などは、代表的なポスト・モダンの哲学者とされます。ボードリヤールは、先進国の消費社会の商品は、ブランド品に見られるように、機能性で選ばれるのではなく他者との差異をあらわす社会的な「**記号**」になったと指摘しました（**差異の原理**）〔**図2**〕。こうした系統のポスト・モダンの思想は、構造主義を乗り越えた後という意味で、「**ポスト構造主義**」とも呼ばれます。

「普遍」より「差異」を愛する

▶「大きな物語」と「小さな物語」〔図1〕

リオタールは、「大きな物語」の背後には、多様な価値観を否定する権力がひそんでいると指摘した。

大きな物語
全人類が認めるような全体的で普遍的な価値観の哲学。

自由! 平等! 進歩!

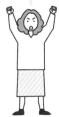 

小さな物語
他者との差異に注目し、他者と共存するための個別的な哲学。

ジェンダーバランスを尊重しよう!

地方自治を認めよう!

▶ 差異の原理 〔図2〕

ボードリヤールは、消費社会では、機能性や品質ではなく、ブランドなどの差異をあらわす情報(記号)によって商品を選ぶと指摘した。

ブランドのバッグなどは、品質や機能ではなく、「どのブランドか」という「記号」によって差異が生まれ、商品の価値が決められる。そのため、差異によって、すでに所有している商品であっても、「もっといいブランド品を購入したい」という欲望が生み出される。

73 『理性』で戦争は止められない?

なるほど！ フランクフルト学派の哲学者は、近代の理性には限界があると考えた！

　近代の哲学では、人間は理性によって合理的に物事を考え、自由な社会を築くことができるとされてきました。しかし、20世紀になると世界大戦が2度も起こり、ドイツでは、人々が自由を抑圧する**独裁政治体制（ファシズム）**もできました。**理性で人間が進歩するのであれば、戦争や虐殺が起こることはない**はずです。

　ドイツの哲学者**ホルクハイマー**は、人間がその理性を、自然を開発するために向けるなど、**自然を支配するための「道具」として使っている**ことを問題視します。理性が、何かの目的を効率的に達成するための**「道具的理性」**になってしまっていると指摘し、理性には限界があると指摘したのです〔**図1**〕。

　また、ドイツの哲学者・社会学者の**アドルノ**は、効率性を重視し人間を道具のように扱う現代人は、強者の権威には服従し、弱者に対しては服従を求める**「権威主義的パーソナリティ」**をもつようになると指摘。ドイツの社会心理学者**フロム**は、権威主義的パーソナリティが生まれるしくみを考察し、自由を獲得した現代人は、自由であることに孤独や不安を感じるため、新たな権力に服従してしまうのだと主張しました〔**図2**〕。これら、近代の理性を批判したドイツの哲学者グループは、**「フランクフルト学派」**と呼ばれています。

「理性」が戦争を引き起こす

▶ 道具的理性 〔図1〕

ホルクハイマーは、近代の理性は、ある目的を効率的に達成するための道具として使われるようになったと指摘した。

近代の理性は、「目的」を達成する手段として登場したので、例えば「戦争に勝つ」という目的のためなら、善悪を考えることなく、大量破壊兵器を効率よくつくろうとする。

▶ 「権威主義的パーソナリティ」とは?〔図2〕

「権威に従い、弱者を従わせる」という性格は、自由を手に入れた人間が孤独や不安を感じることが原因でつくられる。

孤独・不安

人間は、自由を手に入れると孤独や不安を感じる。

権威への服従

社会を支配する強い権力にあこがれ、従うようになる。

弱者へのいじめ

権威に従わない弱者を集団でいじめるようになる。

74 話し合いこそが理性？ 『対話的理性』とは

なるほど！ 議論で合意を形成できる「**対話的理性**」を使い、**納得できるルール**をつくるのが合理的！

　フランクフルト学派は、近代の理性を「道具的理性」だと批判しました（➡P204）。その一方で、フランクフルト学派の２世代目に属するドイツの哲学者**ハーバーマス**は、**理性を未完のプロジェクトとして肯定的にとらえ直しました。**

　ハーバーマスは、理性は相手を支配するための道具として使うことができるけれど、本来の理性には、**人々が対等な立場で自由に議論**することによってお互いを理解し、合意をつくり出す能力があると主張しました。そして、この「**対話的理性**」を使って議論し、お互いが納得できるルールを形成していくことが、社会にとって合理的だと訴えました（**コミュニケーション的合理性**）。ハーバーマスは、**「言葉による合意」を基礎にすることで、多様な価値観が存在できる社会の可能性を追求した**のです〔**図1**〕。

　コミュニケーション的合理性があれば公共的な社会が実現するはずですが、ハーバーマスは、現代においては巨大な政治組織や資本主義経済による支配秩序（**システム合理性**）が、人々の日常生活を支配していると批判しました（**生活世界の植民地化**）。そして、公共的な社会を実現するには、対等な立場で議論できる「**公共圏**」を設けるべきだと主張しました〔**図2**〕。

対話により「合意」することが合理的

▶コミュニケーション的合理性 〔図1〕

ポスト・モダン思想は、多様な価値観を認め合う相対主義であるが、ハーバーマスは、合意によってルールをつくるコミュニケーション的合理性を重視した。

ポスト・モダン思想	コミュニケーション的合理性
絶対的な価値観は存在せず、個別の価値観を認め合う。	話し合いで、互いの行為を調整するルールをつくる。

▶公共圏 〔図2〕

ハーバーマスは、18世紀のヨーロッパでは、身分に関係なく人々が集まって議論する場所（公共圏）があったと指摘し、現代に公共圏を再建する必要があると説いた。

18世紀のイギリスで流行したコーヒーハウス（喫茶店）は、人々が自由に意見や情報を交換し合う社交場だった。ハーバーマスは、コーヒーハウスを、現代に必要な「公共圏」だと考えた。

75 『全体主義』は『大衆』がつくり出した?

なるほど! 孤立感や不安を抱く「**大衆**」が所属感を求め、イデオロギーを掲げる**指導者に服従**してしまう!

　20世紀には、ヒトラーのナチズムや、旧ソ連のスターリン主義などが、戦争や大量虐殺などの悲劇を引き起こしました。こうした政治思想は、個人ではなく全体（国家・人種・民族など）を優先することが特徴であるため、**「全体主義」**と呼ばれます。ユダヤ人としてドイツで生まれた哲学者**アーレント**は、**全体主義を生み出したのは、ヒトラーなどの独裁者ではなく、「大衆」だと指摘**しました。

　アーレントは、近代において階級社会が終わることで、どんな集団社会にも属さない大衆が生まれたといいます。大衆は個人どうしのつながりがないため、孤立感や不安を抱くようになります。そして、人種的なイデオロギーなどによって**「所属感」**を与えてくれる指導者に服従し、その指導者の命令を無批判に聞き入れるようになると分析しました〔**図1**〕。アーレントは、ユダヤ人の大量虐殺を実行した責任者が、平凡な役人であったことを指摘し、大衆の**「無思想性」**が「悪」を引き起こすと説きました。

　アーレントは、人間の自由な行為を、**「労働」**（生活のために稼ぐ）・**「仕事」**（工作物をつくる）・**「活動」**（言論による政治活動を行う）の3つに分け、**全体主義を避けるには、「活動」を取り入れ、対等に議論できる「公共的空間」を築くべき**だと訴えました〔**図2**〕。

指導者のいいなりになる「大衆」

▶「全体主義」を生み出す「大衆」〔図1〕

アーレントは、大衆がわかりやすいイデオロギーを求めた結果、全体主義が生まれたと指摘した。

大衆

バラバラに存在するため、集団への所属感を失い、孤立感や不安を抱く。

全体主義

人種的イデオロギーなどで、所属感を与えられた大衆は、指導者に従う。

ユダヤ人を
抹殺せよ！

▶「労働」「仕事」「活動」〔図2〕

アーレントは人間の活動を3つに分類し、「活動」を重視するべきだと主張した。

労働

生きるために食料などを手に入れる。

仕事

自然を加工して工作物（作品）をつくる。

活動

人と人とが言葉や行為を通じて関わる。

「活動」によって、人は複数の意見が存在することを知り、無自覚に全体主義に加担することを避けられる。

76 富を公平に分ける？『リベラリズム』とは

なるほど！ すべての人に平等な機会と公正な競争を保障し、富を分配して不遇な人を支えるべきという考え！

　資本主義社会では、成功した人が富を手に入れることができますが、これにより貧富の差が生まれます。現代において、「格差」は社会問題になっています。自由と平等は両立するのでしょうか？

　アメリカの政治学者**ロールズ**は、**「正義」によって富を公平に分配するべきという「リベラリズム」**を主張しました。人は、性別や人種、境遇などによって人生が大きく左右されますが、成功を収めた人は、「自分は恵まれた環境に育った」と認めず、「自分の努力と才能のおかげ」と思いがちです。このためロールズは、「社会の公正」を論じるためには、自分自身の情報をすべて遮断する**「無知のヴェール」の状態から話し合うべき**だと主張しました〔**図1**〕。

　ロールズは、無知のヴェールをまとった人々は、思想・言論の自由などが保障される**「基本的自由の原理」**と、すべての人に平等な機会が与えられ、公正な競争が行われるべきという**「公正な機会均等の原理」**に同意するはずだと考え、それらを理想社会の規範と考えました。公正な競争は格差をもたらしますが、格差が生じてよいのは最も恵まれない人の生活の改善につながる場合に限られるという**「格差原理」**にも同意するはずと主張しました。ロールズは、**「公正としての正義」**を実現するべきだと訴えたのです〔**図2**〕。

▶「無知のヴェール」で話し合う〔図1〕

無知のヴェールは実際には存在しないが、ロールズは、「公平な社会」を議論するには、自分や相手の情報が遮断された状況を考えるべきだと訴えた。

人は、自分や相手の情報がまったくわからない「原初状態」に置かれたとき、「自分が最も不利な環境で生まれ育った場合」のことを考えられるようになる。

▶「正義」を実現する原理〔図2〕

ロールズは、偶然に与えられた才能によって得た利益は、不遇な立場の人に分配することで公正な社会が実現すると考え、3つの原理を重視した。

基本的自由の原理

言論・思想などの基本的な自由を平等に分かち合う。

公正な機会均等の原理

平等な機会を与えられたうえで、公正な競争を行う。

格差原理

競争で生じた富を分配し、不遇な人の生活を改善する。

77 コミュニティこそが大事？ サンデルの哲学

なるほど！ サンデルは、「自由」などの普遍的価値観より、共同体が培った価値観を重視すべきと主張！

　ロールズ（➡P210）の「富を分配するべき」という「リベラリズム」に対し、アメリカの哲学者**ノージック**は、「税金によって富を再分配すれば、国家権力が強大化する」と批判しました。そして、**個人の自由を最大限に尊重**し、国家の役割は、国防や裁判、治安維持など、最小限にとどめるべきだと主張しました。このように、**国家が国民に介入することを否定する考え方を、「リバタリアニズム」（自由至上主義）**といいます〔**図1**〕。

　リベラリズムとリバタリアニズムの間で論争が起きる中、両者を批判したのが、アメリカの哲学者**サンデル**です。サンデルは、人間は生まれ育った家庭や地域の歴史・伝統から逃れることができないのだから、こうした環境の影響をまったく受けない人間像**（負荷なき自己）**を想定するリベラリズムやリバタリアニズムは間違っていると訴えました。サンデルによれば、人間は「公正」「自由」「正義」といった普遍的な価値観ではなく、自分が所属する**コミュニティ（共同体）**に愛着をもち、**コミュニティが育んできた価値観（共通善）**を優先します。このため、**共同体の共通善を重視する立場で政治を行うべき**だと説いたのです。これを**「コミュニタリアニズム」**（共同体主義）といいます〔**図2**〕。

共同体が培った価値観

▶ リバタリアニズム 〔図1〕

ノージックは、個人の自由を最大限に尊重するため、最小国家（国家の役割を治安・防衛・司法に限定）にするべきと主張した。

▶ コミュニタリアニズム 〔図2〕

「正義」などの普遍的な価値観ではなく、共同体が育んできた価値観を重視するべきという考え方。

共通善の具体例
伝統的な街並みを保存する

歴史的な地区では、古い街並みを保存することが「善」とされる。このため、「経済の活性化のため、巨大ビルを建てる」という業者に反対する。このとき政治は、「ビル建設」という自由より、「共同体の価値観」を優先するべきだとする。

あなたはどう考える？

思考実験 ⑧

再生した人は同じ人？

「スワンプマン」

身体と精神（人格）が同じなら同一人物といえるかどうかを
問う思考実験です。

　ある男が山に出かけたとき、沼のそばで雷に打たれて死んでしま
いました。その直後、別の雷が沼に落ちます。すると、化学反応に
よって、死んだ男とそっくりの人物が現れました。落雷で生まれた
スワンプマン（沼男）の姿は、死んだ男とまったく同じで、死んだ
男の記憶や知識も同じものです。スワンプマンは、自宅に戻り、誰
にも気づかれることなく、死んだ男の生活を続けました。さて、死
んだ男とスワンプマンは、同一人物といえるでしょうか？

214

解説

　この思考実験は、アメリカの哲学者**デイビッドソン**が提唱した**「スワンプマン」**と呼ばれる思考実験です。「テセウスの船」（➡P122）と同じく、**アイデンティティ（同一性）**を問うものです。

　スワンプマンは、物理的には死んだ男と同一人物ですが、落雷前には存在していません。また、記憶や知識も死んだ男と同じものですが、スワンプマンには「自分が死んだ」という認識がありません。つまり、**スワンプマンと死んだ男との間には意識の連続性がない**のです。この点から、スワンプマンと死んだ男は同一人物ではないとデイビッドソンは結論づけました。

　それでは、もし科学が発達して、あなたの脳を半分に分割し、それをクローンに移植できたとしたら、あなたとクローンは同一人物でしょうか？　これはイギリスの哲学者**パーフィット**が考案した**「分離脳」**という思考実験です。このとき、あなたとクローンには物理的な連続性はありませんが、心理的には連続性があります。この思考実験に明確な答えはありませんが、パーフィットは西洋哲学の基礎になる**「自己（自我）」**を絶対化する見方を否定したのです。

パーフィットの分離脳

もし、自分の脳を半分に分けて、自分のクローンに移植できたとしたら、身体的な連続性はないが、心理的には連続性がある。つまり、脳がつくる人格にも連続性があることになる。

自分

脳を半分に分けているので人格は同一

クローン

現代の哲学 **4**章

78 『私』はいつから『私』になった?

なるほど! ラカンは、人は**他人の言葉や態度**によって、「私」という意識をつくり上げると考えた!

　人は、自分のことを「私」と認識しています。この「私」という意識は、いつ、どうやって生まれるのでしょうか?

　フランスの精神科医**ラカン**は、**「私」という意識は「他者」によってつくられる**と主張しました。ラカンによれば、生まれたばかりの赤ちゃんは自分と外界の区別がつきませんが、生後6〜18か月くらいになると、鏡に映った自分を見て、「これは私だ」と認識します〔**図1**〕。つまり、**「鏡像」という「他者」を通して、「私」という統一されたイメージを見つけ出す**と考えたのです。その後も赤ちゃんは、周囲の人の言葉や態度によって「私」という意識を育てていきます。ラカンの考える「私」は確固としたものではなく、他者の影響を大きく受けてしまう頼りない存在なのです。

　さらにラカンは、フロイトが発見した「無意識」(➡P120)は、言語と結びついていると考え、**「無意識はひとつの言語として構造化される」**と表現しました。ラカンは、ソシュールの言語学のうち、言語そのものを示す**シニフィアン**(➡P188)に注目します。幼い頃に、他者から多くのシニフィアンを教えこまれることで、シニフィアンどうしの違い(差異)が整理・体系化(構造化)され、無意識的に言語を使えるようになると考えたのです〔**図2**〕。

「他者」を通して「自分」を知る

▶「他者」によってつくられる「私」〔図1〕

ラカンは、人間が自己を認識するには、必ず「他者」を通す必要があると
考えた。

鏡像

鏡に映った自分の姿を見て、「これは
私だ」と認識する。

他者

他者からの言葉や態度によって、
「私」が形成されていく。

▶ 構造化される「無意識」〔図2〕

人間は無意識的に言語を使え
るようになるため、言語でつ
くられた世界の秩序に無意識
に従ってしまう。

大文字の他者（世界の秩序）

支配　　支配　　支配

ラカンは、世界の秩序を成
立させる言語システムのこ
とを「大文字の他者」と呼
んだ。大文字の他者は、人
間の無意識を支配し、秩序
を乱さないように欲望を抑
制する。

79 「東洋」は幻想？ 『オリエンタリズム』

なるほど！ サイードは、「東洋」という思考の枠組みは、西洋人がつくり上げたイメージだと分析した！

世界の中でいち早く近代化した西洋社会は、科学技術を発展させ、文明を築いてきました。その過程で、西洋人は、自分たちの西洋社会を先進的で優れたものと考え、西洋とは異質の社会を**「東洋」**と名づけ、後進的で**エキゾチック（異国的）**なものと見なしました。しかし、例えば、アフリカとインドと東アジアでは、人種や文化もまったく違います。**「東洋」とは、西洋人が頭の中でつくり出したイメージにすぎない**のです〔**図1**〕。

パレスチナ出身の文明批評家**サイード**は、「西洋」「東洋」を対立構造でとらえる思考方法そのものが、西洋人のアジアに対する偏見から生み出されたと批判しました。そして、西洋人の東洋に対する差別的な見方を**「オリエンタリズム」**と呼びました。「西洋／東洋」は、西洋人が一方的につくり上げた**「二項対立」**（➡P196）なのです。サイードは、オリエンタリズムは、**人種差別主義**と結びつき、アジアの**植民地支配**を正当化してきたと指摘しました。

オリエンタリズムは、明治時代に西洋文化を急速に取り入れて近代化を目指した日本でも現れました。当時の日本は、周辺のアジア諸国を「西洋化が遅れた劣った国」と見なし、植民地化するという政策を進めてしまったのです〔**図2**〕。

差別を生む思考の枠組み

▶ 西洋人が考える「東洋」〔図1〕

西洋人は、西洋以外の地域を「東洋」と名づけることで、「西洋」を優位な文明であると自己認識したが、実際の「東洋」は架空の存在といえる。

西洋

西洋文化やキリスト教を基準に物事を判断し、自分たちの文明は東洋より優れていると見なす。

東洋 ＝ 西洋以外

西洋人は、東洋を「エキゾチック」「神秘的」なものと見なしたが、実際には共通する文化や言語、宗教、歴史などは存在しない。

▶ 「オリエンタリズム」が生む偏見〔図2〕

西洋文化を優れたものとして世界を見ると、アジアやイスラム諸国などの文化を遅れたものと見なす偏見が生まれる。

西洋

東洋

日本

中国（清）

偏見

偏見

明治時代、西洋化を進めた日本は中国（清）に対して「西洋化が遅れた国」という偏見をもった。これは、西洋が東洋に対して偏見をもつのと同じ構図だった。

現代の哲学 **4章**

「**イスラム教**」

アッラーの前では信者はすべて平等

現在、世界で約20億人が信仰しているといわれるイスラム教は、どのような宗教なのでしょうか?

　イスラム教は、7世紀初めに**ムハンマド**が開いた宗教です。アラビア半島の**メッカ**に生まれ、商業を営んでいたムハンマドは、40歳頃、ヒラー山の洞窟で瞑想していたとき神の声を聞き、**自らを預言者と自覚し、メッカで神の教えを広める**ようになりました。

　ムハンマドは、唯一絶対神**アッラー**の前では**ムスリム**（イスラム

教徒）はすべて平等だと訴え、伝統的な多神教や偶像崇拝を否定しました。この思想のために迫害を受けたムハンマドは、622年にメッカからメディナに逃れます。これを**「聖遷」（ヒジュラ）**といいます。やがて勢力を回復したムハンマドはメッカを奪い返し、イスラム教の聖地としました。

ムハンマドが語った神の啓示を書き記したものが、**イスラム教で最重要の聖典『コーラン（クルアーン）』**です。『コーラン』によると、アッラーは、ユダヤ教やキリスト教で信仰される神と同じで、モーセやイエスは神の教えを伝える預言者であり、ムハンマドは最後の預言者とされます。また、ムスリムの義務として、アッラー・天使・聖典・預言者・来世・天命を信じること（六信）と、信仰告白・礼拝・喜捨・断食・巡礼を行うこと（五行）が定められています**（五行六信）**〔**右図**〕。

イスラム教においては、「聖と俗」は区別されず、政治や経済、文化など、信者の日常生活のあらゆる面を規定していることが大きな特徴になっています。

五行六信		ムスリムが信じるべき6つの対象と、実践するべき5つの行い。
六信	神 （アッラー）	アッラーはアラビア語で神の意味。
	天使	ジブリールなどの天使が存在する。
	聖典	『コーラン』を最高の聖典とする。
	預言者	モーセやイエスも預言者とされる。
	来世	ムスリムは来世で楽園に行ける。
	天命	世界のすべては神に定められている。

五行	信仰告白	アッラーのほかに神はないと唱える。
	礼拝	メッカの方向に1日5回神に祈る。
	喜捨	貧者のため財産から一部を差し出す。
	断食	イスラム暦9月の日中に飲食をしない。
	巡礼	人生で一度、メッカに巡礼する。

さくいん

参考文献

『もういちど読む 山川倫理』小寺聡編（山川出版社）
『高校教科書 倫理』竹内整一 ほか8名著（東京書籍）
『高等学校 新倫理 新訂版』菅野覚明・熊野純彦・山田忠彰 ほか9名著（清水書院）
『哲学大図鑑 THE STORY』アン・ルーニー著・青木滋之監訳（ニュートンプレス）
『哲学マップ』貫成人著（ちくま新書）
『図解雑学 哲学』貫成人著（ナツメ社）
『図解・標準 哲学史』貫成人著（新書館）
『哲学用語図鑑』田中正人著・斎藤哲也監修（プレジデント社）
『教養として学んでおきたい哲学』岡本裕一朗著（マイナビ新書）
『フシギなくらい見えてくる！ 本当にわかる現代思想』岡本裕一朗著（日本実業出版社）
『ニュートン式超図解 最強に面白い!! 哲学』伊勢田哲治監修（ニュートンプレス）
『図解 使える哲学』小川仁志著（KADOKAWA）
『読まずに死ねない哲学名著50冊』平原卓著（フォレスト出版）
『現代思想入門』千葉雅也著（講談社現代新書）
『マンガみたいにすらすら読める 哲学入門』蔭山克秀著（だいわ文庫）

監修者 **青木滋之**（あおき しげゆき）

中央大学文学部教授。哲学専攻。京都大学人間・環境学研究科博士後期課程修了。博士（人間・環境学）。専門は英米系哲学、科学史・科学哲学。おもな著作（共著）に『科学と文化をつなぐ アナロジーという思考様式』（東京大学出版会）、『ダーウィンと進化論の哲学』（勁草書房）など。監訳に『オン・ビーイング・ミー　〜「私」って何？〜』（J.デイヴィッド・ヴェルマン著／ニュートンプレス）、『哲学大図鑑 THE STORY』（アン・ルーニー著／ニュートンプレス）などがある。

イラスト	桔川シン、堀口順一朗、栗生ゑゐこ、ひらのんさ
デザイン・DTP	佐々木容子（カラノキデザイン制作室）
校閲	西進社
編集協力	浩然社

イラスト&図解 知識ゼロでも楽しく読める！
哲学

2023年 4 月 5 日発行　第1版
2023年10月30日発行　第1版　第2刷

監修者	青木滋之
発行者	若松和紀
発行所	**株式会社 西東社**
	〒113-0034　東京都文京区湯島2-3-13
	https://www.seitosha.co.jp/
	電話　03-5800-3120（代）

※本書に記載のない内容のご質問や著者等の連絡先につきましては、お答えできかねます。

ISBN 978-4-7916-3197-1